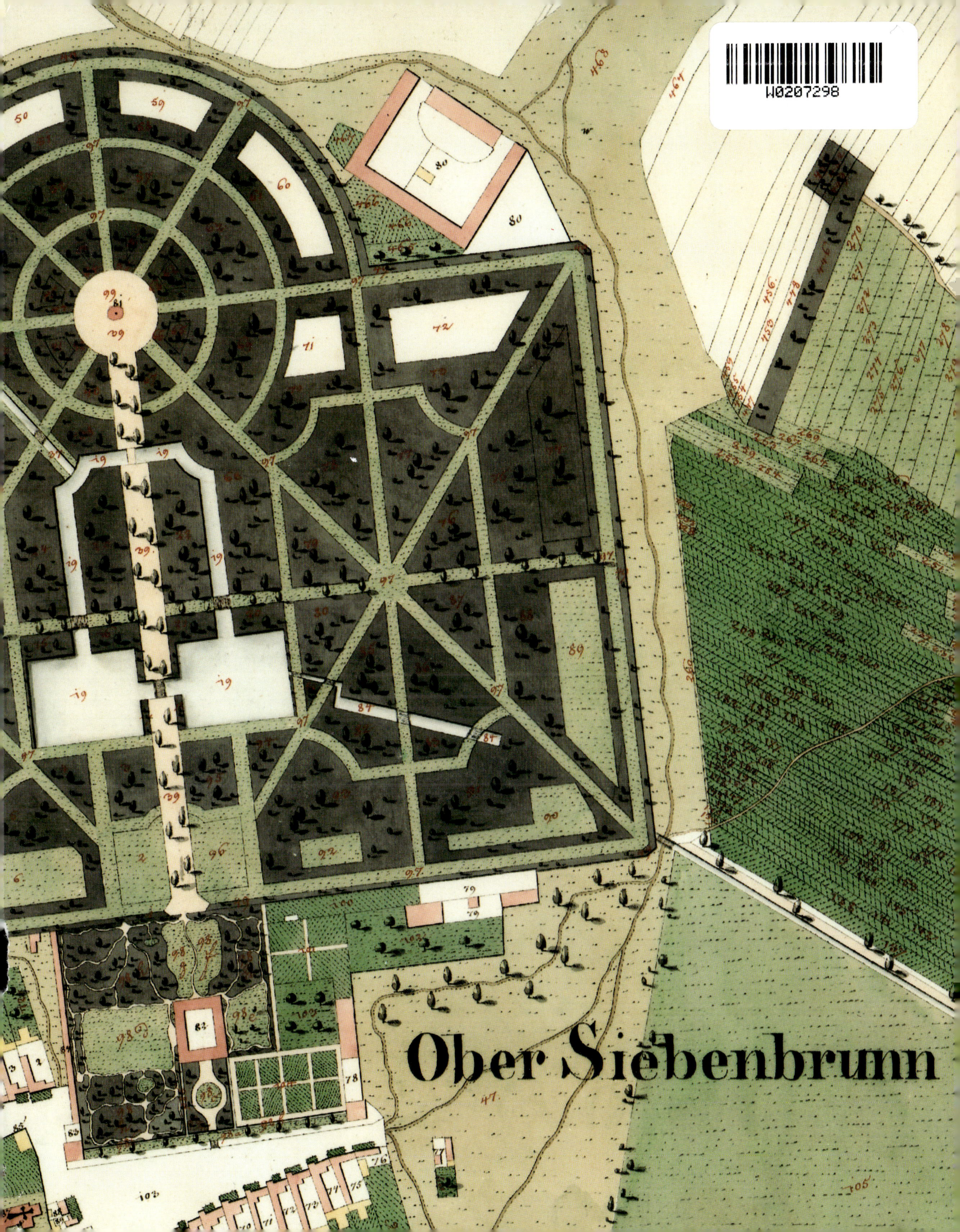

Ober Siebenbrunn

PARKS UND GÄRTEN IN

Niederösterreich

PARKS UND GÄRTEN IN
Niederösterreich

Texte von
MAXIMILIAN LUDWIGSTORFF

Photographien von
GERHARD TRUMLER

VERLAG CHRISTIAN BRANDSTÄTTER

Der von Johann Lukas von Hildebrandt erbaute Pavillon im Park von Obersiebenbrunn.

Laubengang im Garten des Redemptoristenklosters in Eggenburg.

Blick vom Park in Grafenegg auf das neugotische Schloß

Die Gartenfassade von Stift Melk.

HISTORISCHE GÄRTEN IN NIEDERÖSTERREICH: EIN PROLOG

Historische Gärten sind ein wertvolles Kulturerbe, das in Österreich lange nicht als solches erkannt wurde. Durch Mißverständnisse geleitet, hatte der österreichische Verfassungsgerichtshof 1964 diese Anlagen als Nicht-Denkmale im Sinne der Bundesverfassungskompetenz dem Denkmalschutz entzogen und nicht als hochwertige Kunst- und Kulturwerke, sondern als Produkte der Natur definiert. Dieses verheerende Urteil hat jahrzehntelang ihren Schutz und ihre Wertschätzung in der Öffentlichkeit verhindert. Sie wurden meistens als ungegliederte Grünräume, bestenfalls als eine Ansammlung von Pflanzen (Naturschutz) verstanden, mußten als geschichts- und gesichtslose Gebilde vegetieren und ihre Pflege und Erhaltung wurden vernachlässigt.

Detail aus der Parkanlage von Schloß Hagenberg.

Seit dem Jahr des Denkmalschutzes 1975 hatte man aber im übrigen Europa die historischen Gärten und Parkanlagen aus ihrem Dornröschenschlaf erweckt und ICOMOS (International Committee of Historic Monuments and Sites), IFLA (International Federation of Landscape Architects) und UNESCO bemühten sich auch auf internationaler Ebene, diesem Kulturerbe mehr Aufmerksamkeit zu verschaffen als vorher. So entstand 1981 eine Charta in Florenz, in der die historischen Gärten eindeutig als Denkmale der menschlichen Kultur deklariert wurden. Seitdem haben viele Staaten ihre Denkmalschutzgesetze für die Gärten und Parks novelliert, und es fanden spektakuläre Restaurierungen bzw. Rekonstruktionen statt (wie z.B. Het Loo in Holland, Hampton Court in England, Brühl bei Bonn in Deutschland, Versailles in Frankreich, Caserta bei Neapel in Italien, usw.). Die Liste des Weltkulturerbes der UNESCO umfaßt nicht nur architektonische, sondern auch gärtnerische Glanzleistungen der verschiedenen Nationen.

So kam es dazu, daß Schönbrunn in Wien zum Weltdenkmal deklariert werden sollte. Die fachlichen Beurteiler dieses Anliegens (von ICOMOS) waren sehr erstaunt, daß die juristischen Vertreter des damaligen Bundesministeriums für Wissenschaft und Forschung bloß das Schloß, nicht aber den Garten als Weltdenkmal einreichen wollten. Schließlich kam freilich die Gesamtanlage in diese Liste (denn was wäre Schönbrunn ohne die Gärten?), und auch diese Tatsache bewog das nunmehrige Bundesministerium für Bildung, Wissenschaft und Kultur, endlich das Denkmalschutzgesetz für die Gärten zu novellieren. Dazu war eine Verfassungsbestimmung notwendig. Doch in die Liste wurden nur 56 Anlagen (die allerwichtigsten aus den neun

Bundesländern) aufgenommen (vgl. Bundesgesetzblatt, 19. August 1999, 170 / I). In dieser lächerlich geringen Zahl (in Wahrheit sind etwa 1500 Gärten und Parks in Österreich schutzwürdig) ist das Bundesland Niederösterreich mit fünfzehn Gärten und Parks vertreten: Artstetten, Bruck an der Leitha, Ernstbrunn, Grafenegg, Herrnstein, Kleinwetzdorf, Laxenburg, Stift Melk, Obersiebenbrunn, Pottendorf, Salaberg, Schloßhof, Schönau an der Triesting, Schönborn bei Göllersdorf und Stift Seitenstetten. Das ist der größte Anteil in der Gesetzesliste aus den Bundesländern, und diese Tatsache zeigt uns, wie wichtig Niederösterreich auf diesem Gebiet ist.

Umso größer ist das Verdienst des Autors dieser vorliegenden Publikation, historische Gärten und Parks (nicht nur aus der Gesetzesliste) prächtig illustriert vorzustellen. Der Leser wird sicherlich beeindruckt sein, wie viele unbekannte Kunstschätze (denn Gärten sind als solche zu betrachten) noch im Verborgenen ruhen. Hoffentlich wird das Buch dazu beitragen, daß die kulturell interessierte Öffentlichkeit die Politiker dazu drängt, dieses vielfach vergessene Kulturerbe besser zu schützen als in den vergangenen Jahrzehnten. Denn was ist ein Schloß oder eine Villa ohne Garten, was ist eine Stadt ohne historische Grünanlagen?

Univ. Doz. Dr. Géza Hajós

Leiter der Abteilung für historische Gartenanlagen im Bundesdenkmalamt

Generalsekretär der Österreichischen Gesellschaft für historische Gärten

Wien, am 25. Juni 2001

Kastanienallee in der Einfahrt von Schloß Stetteldorf am Wagram. Im Hintergrund die beiden Einfahrtstore.

ZUR GESCHICHTE DER GARTENKULTUR

Gegenüber: *Adam und Eva mit Gottvater im Paradies; Ausschnitt aus einem Gemälde von Hieronymus Bosch.*

GEPFLANZTE PARADIESE

In allen Teilen der Welt geht die Gartenkultur, seit alters her auf dasselbe Motiv zurück: auf die Sehnsucht nach dem Paradies, nach einem künstlichen Arkadien, einer Welt, in der es kein Leid, weder Tod noch Krankheit, keine Arbeit und unterdrückende Herrschaft gibt.

Ihren konkreten Niederschlag finden diese Vorstellungen im Garten Eden des Buches Genesis: Dort lebt der Mensch im Einklang mit der Natur. Das aus dem Altpersischen stammende Wort *pairi-dae za* heißt denn auch soviel wie Umwallung oder Umzäunung. Innerhalb dieser Umwallung liegt der Lustgarten, das aus diesem Wort entstandene Paradies.

Der Garten Eden jedenfalls ist das Urbild aller Gärten, das Vorbild für Garten- und Parkanlagen über Jahrhunderte. Gärten sind also die Nachbildung einer Utopie von einem paradiesischen Zustand, den man erreichen will. Von Menschenhand geschaffene Gärten stellen die beste Möglichkeit dar, diesem Zustand näherzukommen.

Nicolas Poussin: Der Frühling oder das irdisches Paradies, entstanden 1660 - 1664.

Gärten der Antike

Schon in der Antike gab es Gärten, wie durch diverse Schriftzeugnisse belegt ist; zur Entwicklung einer regelrechten Kunstform kam es allerdings erst in der Zeit der Renaissance und dann besonders im Barock.

Das wohl bekannteste Beispiel für eine Gartenanlage der alten Welt sind die hängenden Gärten der Semiramis, eines der sieben Weltwunder der Antike. Ob und in welcher Form diese Gärten jedoch bestanden haben, ist in den meisten Quellen nur vage überliefert.

Die erste genauere Nachricht findet sich bei Quintus Curtius Rufus, dem Biographen Alexanders des Großen, der sich wiederum auf noch ältere Schriften bezieht, etwa auf die nur in Fragmenten überlieferte *Persika* des Ktesias von Knidos aus dem 4. Jahrhundert v. Chr. Dort findet sich ein detaillierter Bericht über Babylon mit seinen monumentalen Mauern und vor allem über die hängenden Gärten. Gesehen hat sie freilich niemand, und vielleicht waren sie ja auch nur ein Produkt der Phantasie, ein Mittel, um die Großartigkeit und Monumentalität von Babylon zu demonstrieren.

In der *Odyssee* liefert Homer Beispiele für die damalige Bedeutung griechischer Gärten. So berichtet er vom Palast des Alkinoos, daß sich dort ein Garten mit Birnen-, Apfel-, und Feigenbäumen befunden habe, die das ganze Jahr hindurch Früchte trugen. Auch der Garten von Laertes, Vater des Odysseus, erlangt symbolhafte Bedeutung: Nach zwanzig Jahren der Abwesenheit wird er zum Ort der Wiederbegegnung zwischen Odysseus und seinem Vater, der seinen Sohn nur deshalb wiedererkennt, weil der sich in der Gartenanlage gut auskennt.

Eine etwas genauere Beschreibung existiert vor allem von der Gartenanlage des Lucius Licinus Lucullus (117 – 56 v. Chr.), der sich auf dem Pincio in Rom eine Villa mit eleganten Gartenanlagen erbauen ließ. Terrassen und Treppen fingen das steil abfallende Gelände auf, und auf einer von Säulen gesäumten Terrasse waren Bäume angepflanzt. Diese Anlage existierte noch nach hundert Jahren. In Pompeji findet sich ebenfalls ein Beispiel für einen sehr interessanten antiken Garten: Die Villa des Loreius Tiburtinus besaß neben einem großen Hof, dem sogenannten Peristyl, auch einen stattlichen Garten, der durch einen der Bewässerung dienenden, mit einer Pergola überdachten Kanal in zwei Hälften geteilt wurde. Links und rechts davon gab es Beete sowie Obst- und Olivenbäume.

Gärten des Mittelalters

Die Enge und Kälte in den Burgen des Mittelalters machte deren Gärten für die Bewohner im Sommer zu einem bevorzugten Aufenthaltsort. Es fanden sich nicht allzu viele Pflanzenarten: Häufig wurden Lilien, Veilchen und Rosen gepflanzt, in wärmeren Gegenden auch Feigen und Wein. Es gab einfache Rasenwege, Rasenbänke als Sitzgelegenheiten, manchmal auch kleine Sitzmäuerchen sowie mit Rosen oder Wein umrankte Lauben, an deren Stelle auch Zelte treten konnten. Die Hausfrau kümmerte sich zusätzlich um den Wurzgarten, welcher der Versorgung der Burgbewohner mit Heilkräutern und Gemüse diente. Reste der Bepflanzung der Wurzgärten finden sich noch häufig in der Nähe von Ruinen.

Eine interessante Beschreibung der verschiedenen Gartentypen des Mittelalters ist durch Albertus Magnus, den Schüler des Thomas von Aquin, überliefert. Albertus

Magnus, 1200 in Lauingen geboren und 1280 gestorben, war ein *uomo universale*, ein universal gebildeter Mensch. In seinen Schriften hinterließ er uns eine anschauliche Beschreibung unterschiedlicher Gartentypen: „Es gibt gewisse Plätze, die weniger dem Nutzen und reichen Fruchtertrag bestimmt sind als dem Vergnügen." Diese Art von Lustgärten bezeichnet er als *viridantia*, eine Ableitung aus dem römischen Begriff für Baum- und Lustgärten. Nach seiner Beschreibung ging es in diesem Lustgarten eher um den gesundheitlichen Aspekt, insbesondere für die Seele, als um die Versorgung der Menschen mit Kräutern und lebensnotwendigen Pflanzen. Nach Albertus Magnus soll der Garten vor allem zwei Sinnen dienen: dem Gesichtssinn und dem Geruchssinn. Weitere wichtige Quellen zur Beschreibung mittelalterlicher Gärten sind bildliche Darstellungen und die Literatur, wie der berühmte *Roman de la Rose* des Guillaume de Lorris und Jean de Meun. Hier bildet ein Ziergarten im ersten Teil den symbolisch-epischen Hintergrund. Aufgrund dieser Beschreibungen ergibt sich ein Bild vom mittelalterlichen Garten, wie er vermutlich ausgesehen hat.

DER GARTEN DER RENAISSANCE

Erst ab der Renaissance wurden Gärten als Kunstwerke mit der Architektur kombiniert, in sie integriert. Laut Leon Battista Alberti seien Gärten den gleichen geometrischen Gesetzmäßigkeiten unterworfen wie Bauten. Der Epoche des Humanismus entsprechend – und gemäß dem Ausdruck Renaissance, Wiedergeburt – sollte der Garten aber auch ein Ort sein, in dem die antike Welt wiederentdeckt werden konnte. Der Wunsch nach Abgeschiedenheit, für den der Garten als Symbol steht, ist ein immer wiederkehrendes Motiv der Gartenkunst in der Renaissance.

DIE GÄRTEN DES BAROCK

In den Gärten des Barock und ihrem Formenrepertoire wurden, der damaligen Sichtweise der Natur entsprechend, kosmische Ordnungsvorstellungen verarbeitet. Die Allegorie, ein Wesensmerkmal des Barock, übersetzte die Naturerscheinungen in Bilder, die von Gebildeten gelesen und erlebt werden konnten. So wurden zum Beispiel die Wildheit und Unergründlichkeit der Natur mit verschiedenen Stilmitteln dargestellt, etwa durch Wasserfälle und Grotten, der Wald durch eine von Vogelgezwitscher belebte Pergola, das Meer durch ein Rundbassin mit mythologischen Figuren. Das ikonographische Programm des Gartens von Schloß Belvedere in Wien beispielsweise bezog sich auf das Leben des Prinzen Eugen, angefangen von den niederen Weihen, die der Prinz als junger Mann empfangen hatte, im Unteren Belvedere bis zu den Höhen des Olymp im Oberen Belvedere.

Gegenüber: *Schloß Halbthurn aus der Vogelschau, anonymes Gemälde.*

Josef Holzer: Ansicht des Schlosses Stixenstein.

DER LANDSCHAFTSGARTEN

Das Zeitalter der Aufklärung brachte die Öffnung der Parks in die umgebende Natur: Der Garten wurde zur Landschaft, die Landschaft zum Garten. Die Idee des Landschaftsgartens entstand um 1720 in England; er wurde als bewußter Gegensatz zum architektonischen französischen, streng geometrischen Gartenstil konzipiert, in dem man nun eine Vergewaltigung der Natur sah. Die strengen Formen wurden zur „Unnatur" degradiert. Ab 1760 eroberte der englische Landschaftsgarten dann auch Festlandeuropa.

Ein wesentlicher Begriff in dieser Entwicklung ist das Wort „pittoresk". Ursprünglich meinte es Sujets, die man für geeignet hielt, in Gemälde aufgenommen zu werden oder die bereits als Teil eines Gemäldes aufgefaßt wurden. Für die ersten Theoretiker des englischen Landschaftsgartens, Alexander Pope, Joseph Addison und Anthony Shaftesbury, war die Malerei direkt oder indirekt Vorbild für die Gartenplanung. Auch von Jean-Jacques Rousseau kennen wir ähnliches: „Kornfelder bieten einen schönen Anblick, und wenn etwas besser auf die dazwischenliegenden Wege geachtet würde, wenn einige kleinere künstlerische Hinzufügungen das natürliche Aussehen der Wiesen ergänzen und sie verbessern könnten und die Reihen von Hecken durch Bäume und Blumen hervorgehoben würden, ... dann könnte ein Mensch ein schönes Landskip [holländischer Begriff für eine gemalte Landschaftsdarstellung] von seinen Besitztümern herstellen." Landschaftsgestaltung wurde also förmlich mit Landschaftsmalerei gleichgesetzt.

Zunächst entwickelte der landschaftliche Stil nur unsichere Frühformen und Szenerien, die jedoch von bedeutenden Künstlern zu immer großartigeren Formen weiterentwickelt wurden. An vielen Orten wurden Anlagen im französischen Stil in Landschaftsparks, an anderen ganze Landstriche in pittoreske Naturlandschaften umgewandelt. In diesem Zusammenhang sei die ehemals prachtvolle Anlage von Neuwaldegg erwähnt: Feldmarschall Moritz Graf Lacy ließ hier in der schönen Landschaft des Wienerwaldes Ende des 18. Jahrhunderts unter Einbeziehung einer Hügelkette eine englische Gartenanlage schaffen. Zur Zeit ihrer Blüte gab es keine vergleichbare derartig großzügige Landschaftsverschönerung im Wiener Raum. Abwechslungsreich gestaltete Wald- und Wiesenpartien, wie eine Abfolge einer Serie von Bildern, wurden durch eine stattliche Anzahl von Staffagebauten (Pavillons, Tempel), Brücken, Stege, Teiche, Statuen und Grabdenkmäler belebt. In jenem Bereich, der heute noch als Hameau bezeichnet wird, ließ Graf Lacy ein kreisförmig angelegtes Dörfchen aus mehreren kleinen Bauernhäusern errichten, in denen sich Gästewohnungen, Wohnungen für Diener und Kammerzofen befanden. Außerdem gab es in dem künstlichen Dörfchen Ställe und eine Werkstätte – eine Art „Zurück-zur-Natur-Siedlung" also. An einem der Häuschen war über dem Eingang folgender Spruch zu lesen: „O sîte de mon choix, hameau que je préfère, heureux qui vît ici, tranquille et solitaire." („O Gegend meiner Wahl, o Dörfchen voller Frieden! Glücklich wer in dir lebt, in Ruh und abgeschieden!") Offenbar gab es eben auch damals den Wunsch, „auszusteigen", gerade für den Marschall Graf Lacy, der ob seiner Arbeitswut von Kaiserin Maria Theresia gescholten wurde.

Die großen Landschaftsgestalter dieser Epoche waren in England Lancelot „Capability" Brown und Humphrey Repton, in Deutschland Fürst Hermann von Pückler-Muskau, der Schöpfer der berühmten Parkanlage von Muskau und Autor des epochalen Werks „Andeutungen über die Landschaftsgärtnerei". Pückler-Muskau ruinierte sich finanziell bei der Realisierung seiner Projekte und sprach von seiner „Parkomanie". In Österreich beziehungsweise im Gebiet der ehemaligen Donaumonarchie ist vor allem Fürst Johann von und zu Liechtenstein zu nennen, der in großem Umfang Landschaftsverschönerung betrieb.

Zeugnis davon geben sowohl die berühmten Anlagen von Eisgrub (Lednice) und Feldsberg (Valtice) in Südmähren als auch die Maßnahmen im Gebiet von Mödling im Umfeld der im 19. Jahrhundert im Sinne des Historismus wiedererrichteten Stammburg Liechtenstein. Zum ersten Mal erhob die Gartenkunst den Anspruch, die bedeutendste aller Künste zu sein: Sie schließt die Architektur und die Skulptur räumlich ein, so wie die Architektur ihrerseits Skulptur, Ornament und Malerei. Auf diese Weise entsteht das perfekte Gesamtkunstwerk. Als Nebenbuhlerin der Architektur schafft sie, diese an Großzügigkeit und Weiträumigkeit überbietend, großartigste freie Raumgestaltungen. Sie organisiert und komponiert mit den organischen Massen der Baum- und Buschgruppen, der Hügel und Rasenflächen, der Gewässer, Flüsse und Teiche. Sie baut aus organischem Material pittoreske Bilder von Naturschönheit und erzeugt Serien solcher Bilder. Sie spricht den Betrachter an und erzeugt Stimmungen: Größe, Naturgewalt, Lieblichkeit, Heiterkeit, aber auch Melancholie oder Wildheit.

Der englische Landschaftsgarten illustrierte ein neues Verhältnis des Menschen zur Natur; durch die enge Beziehung dazu wurde er vom Handelnden zum passiven Zuseher. Die Natur wurde zu metaphysischer Schönheit erhöht, das Sehnen nach dem paradiesischen Urzustand wurde deutlich fühlbar. (Das negiert allerdings das gestalterische Element des Landschaftsgartens.) Eine schöne Beschreibung, wie man an die Gestaltung eines Landschaftsgartens heranging, findet sich in Goethes Wahlverwandtschaften. Der Hauptmann kommt in den Landschaftsgarten Charlottes und Eduards und nimmt zunächst einmal die Gegend zeichnerisch auf. Eduard sieht seine Besitzungen aus dem Papier wie eine Schöpfung hervorwachsen und glaubt sie nun erst kennenzulernen: „Es gab Gelegenheit, über die Gegend, über Anlagen zu sprechen, die man nach einer solchen Übersicht viel besser zustandebringe, als wenn man nur einzeln, nach zufälligen Eindrücken, an der Natur herumversuche. Das müssen wir meiner Frau deutlich machen, sagte Eduard. Tue das nicht!, versetzte der Hauptmann, der die Überzeugungen anderer nicht gern mit den seinigen durchkreuzte, den die Erfahrung gelehrt hatte, daß die Ansichten der Menschen viel zu mannigfaltig sind, als daß sie selbst durch die vernünftigsten Vorstellungen auf einen Punkt versammelt werden könnten. Tue es nicht!, rief er; sie dürfte leicht irre werden. Es ist ihr, wie allen denen, die sich nur aus Liebhaberei mit solchen Dingen beschäftigen, mehr daran gelegen, daß sie etwas tue, als daß etwas getan werde. Man tastet an der Natur. Man hat Vorliebe für dieses oder jenes Plätzchen, man wagt es nicht, dieses oder jenes Hindernis wegzuräumen, man ist nicht kühn genug, etwas aufzuopfern: man kann sich voraus nicht vorstellen, was entstehen soll: man probiert, es gerät, es mißrät, man verändert, verändert vielleicht, was man lassen sollte, läßt, was man verändern sollte, und so bleibt es zuletzt immer ein Stückwerk, das gefällt und anregt, aber nicht befriedigt. Gesteh mir aufrichtig, sagte Eduard, du bist mit ihren Anlagen nicht zufrieden. Wenn die Ausführung den Gedanken erschöpfte, der sehr gut ist, so wäre nichts zu erinnern. Sie hat sich mühsam durch das Gestein hinaufgequält und quält nun jeden, wenn du willst, den sie hinaufführt. Weder nebeneinander noch hintereinander schreitet man mit einer gewissen Freiheit. Der Takt des Schrittes wird jeden Augenblick unterbrochen; und was ließe sich noch alles einwenden! Wäre es denn leicht anders zu machen gewesen?, fragte Eduard. Gar leicht, versetzte der Hauptmann; sie dürfte nur die eine Felsenecke, die noch dazu unscheinbar ist, weil sie aus kleinen Teilen besteht, wegbrechen. So erlangte sie eine schön geschwungene Wendung zum Aufstieg und zugleich überflüssige Steine, um die Stellen heraufzumauern, wo der Weg schmal und verkrüppelt geworden wäre! Doch sei dies im engsten Vertrauen unter uns gesagt: Sie wird sonst irre und verdrießlich. Auch muß man, was gemacht ist, bestehen lassen. Will man weiter Geld und Mühe aufwenden, so wäre von der Mooshütte hinaufwärts und über die Anhöhe noch mancherlei zu tun und viel Angenehmes zu leisten."

Der etwa um 1830 einsetzende Verfall der Landschaftsgärten zeigte sich vor allem daran, daß sie zu naturwissenschaftlichen Sammlungen, zu förmlichen Naturmuseen

Schloß Ernstbrunn von Norden, Kreidezeichnung von Johann Christian Brand.

wurden. Neben den positiven Auswirkungen wie den damals entstehenden Arboreten verarmte jedoch der geistige Gehalt dieser Anlagen.

In Niederösterreich gilt es nun, dieses kulturelle und Naturerbe künftigen Generationen wieder nahezubringen und zu erschließen. Für einige Anlagen hat die Zukunft bereits begonnen, es liegen Pflege-, Nutzungs- und Revitalisierungskonzepte vor. Durch den Umstand, daß sich das Land Niederösterreich dieser Aufgabe stellt und annimmt, ist die Gelegenheit noch nie so günstig gewesen wie heute. Dieses Buch will einen Beitrag dazu leisten, an die große Tradition der Landschaftsarchitektur in Niederösterreich anzuschließen und auch einen Impuls dafür liefern, ihr jenen Stellenwert einzuräumen, den sie verdient.

STIFTE
&
KLÖSTER

Gegenüber: *Barocke Gartenvase, Stift Seitenstetten.*

STIFT ALTENBURG

EIN GARTEN DER BENEDIKTINER

Stift Altenburg mit seinem Park und seinen Gärten liegt in der sanft hügeligen Landschaft des Waldviertels, am westlichen Rand des Horner Beckens. Im südlichen Umfeld schlängelt sich der Kamp durch waldiges Gebiet. Das Stift ist eine Gründung der verwitweten Gräfin Hildburg von Poigen aus dem Jahre 1144 und wurde von St. Lambrecht in der Steiermark aus besiedelt. Große Bedeutung erlangte das frühgotische Kloster als Lateinschule. Im Laufe der Geschichte wurde Altenburg mehrmals zerstört: von Kumanen, Ungarn und Böhmen im 14. Jahrhundert, im 15. Jahrhundert durch die Hussiten sowie 1473 durch Matthias Corvinus. 1480 wurde es durch die Mährer niedergebrannt. 1522 wird es bloß noch als „wüster Steinhaufen" genannt; zusätzlich wurde die Anlage noch 1619 von den „Horner Ständen" belagert und 1645 von den Schweden verwüstet. Jedenfalls ließ Abt Benedikt Leiß die Reste des Gebäudes, am Ufergelände gelegen, abtragen. Die Fläche wurde begradigt und unter den Äbten Boxler und Regondi im 17. Jahrhundert die Wiederrichtung begonnen. Zwischen den Jahren 1729 und 1742 wurde unter Abt Placidus Much das Kloster durch den berühmten Barockbaumeister Josef Munggenast neu erbaut.

Eine der grotesken barocken Zwergenfiguren im Kaiserhof von Stift Altenburg.

Das Stift besitzt mehrere gartenhistorisch relevante Bereiche: den Prälaten- und Konventsgarten sowie den Johannishof und den Stiftspark. Der Johannishof, benannt nach der bei der Hofeinfahrt stehenden Statue des heiligen Johannes Nepomuk, liegt im nordwestlichen Teil der Klosteranlage und ist nach Westen hin offen. Der nördliche Teil wird auf allen Seiten von Mauern umschlossen. Der gesamte Hof wurde ursprünglich durch eine Anfang des 19. Jahrhunderts gepflanzte Pappelallee charakterisiert, die auf dem Franzisceischen Kataster aus dem Jahre 1823 erkennbar ist. Später wurden die Pappeln durch Kastanien ersetzt und 1924 eine Seite der Allee gefällt, zum Leidwesen des damaligen Abtes Ambros. Die Allee führte damals nicht mehr

Gegenüber: *Zugang zum Hof von Stift Altenburg und Blick auf die Fassade der Kirche.*

bis zum Stiftseingang, sondern endete an der südlichen Parkmauer. Ende des 19. Jahrhunderts wurden im südlichen Bereich beim Haupteingang Kugelrobinien gepflanzt. Den derzeitigen Bestand der Allee bilden Linden und Walnußbäume; geschnittene Hecken aus Hainbuchen, Flieder und Hartriegel ergänzen das Bild.

Der Kreuzgang umschließt einen kleinen Klostergarten.

Im Johannishof finden sich auch zwei Sphingen, Wesen aus der griechischen Mythologie, geflügelte Löwen mit dem Oberkörper einer Frau, die immer wieder in barocken Freiräumen anzutreffen sind. Bemerkenswert ist ein sogenannter Sonnenzeiger, ein Sandsteinobelisk aus der ersten Hälfte des 17. Jahrhunderts in Form einer Pyramide. Die Spitze bildet ein Pinienzapfen, getragen wird der Obelisk von einem Aufsatz, auf welchem vier sitzende Adler mit ausgebreiteten Flügeln abgebildet sind. Figuraler Schmuck, ursprünglich für den Prälatengarten gedacht, säumt seit dem Ende des 19. Jahrhunderts den Weg zum Haupteingangstor: Es handelt sich dabei um die allegorischen Figuren der Wohltat, Wahrheit, Keuschheit, Heilkunst, Mäßigkeit und des Ackerbaus.

Der Stiftspark, nordwestlich vorgelagert, ist mit seiner Fläche von drei Hektar der größte aller Altenburger Gärten. Das gesamte Parkareal ist von einer Mauer umschlossen, die an der nördlichen Seite an eine öffentliche Straße (Zwettler Straße) stößt; an der südlichen liegt die Abt-Placidus-Much-Straße, benannt nach dem Erbauer des Barockstifts. Im Osten grenzt der Park an den Johannishof und im Westen an eine Scheune. Interessant ist die Tatsache, daß dieser große Parkbereich verschiedene Bezeichnungen wie „Ehemaliger Barockgarten", „Großer Stiftsgarten" oder „Stiftspark" trägt.

Aufgrund der in der Literatur vorkommenden Bezeichnung „Neues Gärtel" nimmt man an, daß er als letzter der Gärten realisiert wurde, in der barocken Bauperiode des Stifts, unter dem bereits zuvor erwähnten Abt Placidus Much Anfang des 18. Jahrhunderts; nach anderen Angaben hingegen soll der Stiftspark erst sechzig Jahre später, nämlich unter Abt Willibald Palt, entstanden sein. Dieser Bereich enthielt auch die obligaten Gebäude: ein bis heute erhaltenes liebliches einstöckiges Lusthaus auf quadratischem Grundriß an der Nordmauer ist durch eine Freitreppe, die auf einem balkonartigen Podest im ersten Stock mündet, zugänglich. Erwähnt, aber nicht mehr erhalten ist ein

Blumenpracht im Kaiserhof von Stift Altenburg.

Der Franzisceische Kataster zeigt im Südwesten den ehemaligen Tiergarten; links erkennt man die für Landschaftsgärten typischen geschwungenen Wege und Alleen.

Rondell, ein laut verschiedenen Beschreibungen von Pappeln umgebenes Wasserbecken, das auf einem Stich aus dem Jahre 1740 zu erkennen ist. Dieses Wasserbecken wurde vermutlich von einer Quelle gespeist. Im Stiftspark ist auch das Glashaus erhalten geblieben, welches aus der Zeit um 1840 stammt und sich derzeit in renovierungsbedürftigem Zustand befindet.

Auch die „landschaftliche Epoche" ist am Stiftspark von Altenburg nicht spurlos vorübergegangen. Der Franzisceische Kataster gibt darüber Auskunft: Man erkennt die für Landschaftsgärten typischen geschwungenen Wege, Alleen und Plätze. Auf einem weiteren Plan aus dem Jahre 1868 scheint das System der Wege wieder modifiziert auf: Auch hier finden sich deutliche Hinweise auf einen Landschaftspark. Um die Jahrhundertwende wurde der Park zu einem „Spaziergarten", ein Ort der Erholung und Rekreation für die Mönche des Stiftes.

Verschiedenen Beschreibungen zufolge befanden sich im Park auch verschiedengestaltige Zwergenfiguren, fünf an der Zahl. Solche grotesken Figuren findet man immer wieder als Ausstattungselement in Niederösterreichs Gartenlandschaft, man denke nur an die berühmten Zwerge vom Schloßpark in Greillenstein und in Wien an die Figuren von Neuwaldegg. Eine Nachahmung dieser Zwergengruppe ist heute als Abgrenzung zum Gastgarten im Kaiserhof plaziert.

Die Figur des „Tiroler Hiasl" (heute ebenfalls im Kaiserhof) sowie die allegorischen Figuren der Wohltat (mit dem Adler) und der Weisheit (mit der Kugel), heute Teil der Figurengruppe vor dem Eingang des Stiftes, befanden sich ebenfalls im Park. Die Sandsteinfigur des „Tiroler Hiasl", in lässiger Haltung mit einem Bierkrug in der Hand, den Hut unter den linken Arm geklemmt, wurde zu Beginn des 19. Jahrhunderts als eine Porträtstatue des Baumeisters von Altenburg, Munggenast, bezeichnet. Schöpfer dieser Figur war Leopold Fahrmacher, 1735.

Die Grotte des Parks von Altenburg, eine Lourdesgrotte mit Marienstatue, ist bis heute erhalten, jedoch nicht mehr so intensiv gestaltet und betreut wie noch Anfang dieses

Eine Sphinx wacht über den Johannishof im nordwestlichen Bereich der Klosteranlage.

Jahrhunderts. Eine große Zäsur für den Park von Altenburg kam im Zweiten Weltkrieg: Damals wurde auf dem Parkgelände Tabak angebaut, und danach befanden sich dort die Obst- und Gemüsegarten des Stifts. Aus ökonomischen Gründen wurde die Gärtnerei gegen Ende der sechziger Jahre aufgelassen, doch wird der Stiftspark heute leider zu einem Großteil als Christbaumkultur genutzt. Die Gebäude des Gartens, also Glashaus und Pavillon, befinden sich in desolatem Zustand.

Im westlichen Bereich des Gartens liegen Obstgärten, das Gärtnerhaus mit eigenem umzäuntem Garten bildet das Zentrum des Parks. Daneben gibt es noch eine Baracke mit eigenem Garten, die momentan zur Unterbringung von Flüchtlingen genutzt wird.

Stift Altenburg

Anschrift: *Benediktinerstift Altenburg, 3591 Altenburg. Tel.: 02982/3451-21, Fax: 02982/3451-13. E-Mail: kultur.tourismus@stift-altenburg.at Internet: http://www.stift-altenburg.at*

Anfahrt: *Donauuferautobahn A22, B4 Horner Straße Richtung Zwettl bis Stift Altenburg.*

Öffnungszeiten: *Ostersonntag bis Allerheiligen täglich 10 bis 17 (letzter Einlaß 16 Uhr). Führungen für Individualtouristen jeweils Samstag und Sonntag, Führungen für Gruppen nach Voranmeldung während des ganzen Jahres möglich.*

Im Sommer verwandeln sich die Beete in den Innenhöfen des Stifts in ein Blütenmeer.

KOLLEGIATSTIFT EISGARN

EIN „WILDER" STIFTSGARTEN

Das Kollegiatstift Eisgarn, am östlichen Rand des gleichnamigen Dorfes in der sanftwelligen Landschaft des nördlichen Waldviertels gelegen, wurde von Johann von Klingenberg, Pfandinhaber der Grafschaft von Litschau von 1314 bis 1346, gegründet. Aufgabe der fünf Chorherren und des Probstes war es, neben der Erledigung kultureller und seelsorgerlicher Angelegenheiten den täglichen Gottesdienst mit Messe und Chorgebet zu feiern.

Ausgangsbasis für den 1200 Quadratmeter großen Schaugarten, der heute in Eisgarn zu besichtigen ist, war eine barocke, im Laufe der Zeit verwilderte Gartenanlage im Bereich des Ostflügels des Stiftes. Grundüberlegung bei der Revitalisierung von Eisgarn war der Wunsch nach einer besseren Nutzung sowie der Schaffung eines Gartens für die Öffentlichkeit. In Eisgarn hat man bewußt versucht, den naturnahen Charakter zu erhalten und dennoch in eine Gestaltung einzubinden.

Aus dem Jahre 1900 läßt sich bereits eine historische Gestaltung nachweisen. Diese Anlage war mit Blumenrabatten geschmückt, jedoch frei von Gehölzen. Aus Kostengründen und Personalmangel wurde sie in den letzten Jahrzehnten nicht mehr gepflegt und verwilderte. Die Fläche wurde von der Natur zurückerobert, Linden, Schwarzer Holunder, Haselbüsche etc. ließen sie zuwachsen. Die historischen Strukturen des Probsteigartens sind dadurch nahezu verschwunden. Die Idee „Kunst und Natur" strebt eine Zusammenführung dieser scheinbar gegensätzlichen Aspekte an. Ein Kiesweg führt in Richtung Südost durch den Garten, am Beginn von zwei Steinblöcken links und rechts markiert. Am Ende dieses Weges findet sich ein Aussichtspunkt, mehrere Bänke in der Gartenanlage laden den Besucher zum Rasten ein.

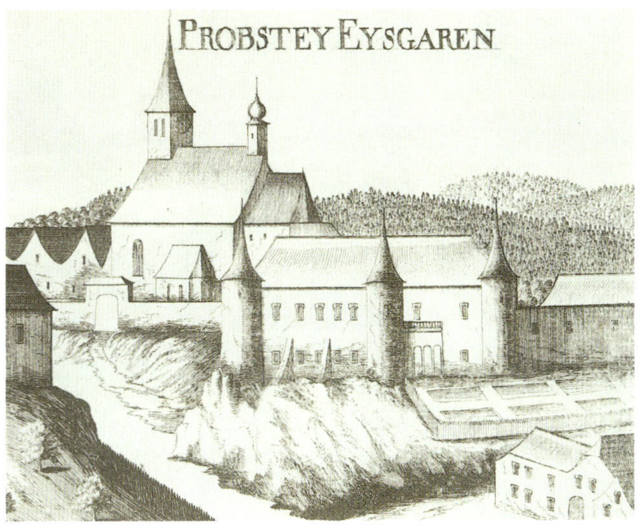

Ansicht der Probstei Eisgarn aus G. M. Vischers Topographie, 17. Jahrhundert.

Die Intentionen von Probst Küchel finden im Garten ihren Niederschlag: die Präsentation von bildender Kunst in einem naturnahen Umfeld, wobei die Kunstgegenstände als wesentliches Gestaltungselement dienen.

Gegenüber: *Eine Windorgel belebt den „wilden" Garten des Kollegiatstiftes von Eisgarn im Waldviertel.*

Steinblöcke als Zierelemente des Stiftsgartens von Eisgarn.

Oben: *Beim Stiftsgarten von Eisgarn handelt sich um einen „wilden Garten“, in dem der Natur bewußt ein Entwicklungsraum belassen wird.*
Unten: *Spiel von Licht und Schatten im Stiftsgarten Eisgarn.*

Kollegiatstift Eisgarn

Anschrift: *Stift Eisgarn, Stiftsplatz 1, 3862 Eisgarn.*
Tel.: 02863/302-0, Fax: 02863/302/1.
E-Mail: stifteisgarn@via.at
Internet: www.kirche-top.org/eisgarn-propstei_eisgarn.html

Anfahrt: *Donauuferautobahn A22 bis Stockerau, B4 (Horner Straße) bis Horn, B303, B5 bis Heidenreichstein, weiter nach Eisgarn.*

Öffnungszeiten: *15. Mai bis 15. September 8 bis 18 Uhr.*

STIFT GÖTTWEIG

DIE GÄRTEN ÜBER DER DONAU

Die Geschichte des in imposanter Lage auf einem Höhenzug oberhalb der Donau gelegenen Stifts Göttweig reicht weit zurück. Um 1081 wurde auf den Ruinen einer römischen Militäranlage als Stiftung Bischof Altmanns von Passau eine Kirche errichtet. Seit 1094 ist Göttweig Benediktinerstift, von dem aus auch die Klöster Garsten und Seitenstetten gegründet wurden. In der Reformationszeit kam es zu einem Niedergang, zwischen 1564 und 1604 wurde das Kloster wiedererrichtet; unter Abt Gottfried Bessel erhielt es in der ersten Hälfte des 18. Jahrhunderts durch Johann Lukas von Hildebrandt die heutige barocke Gestalt, doch blieb das Projekt unvollendet.

Stift Göttweig liegt in beherrschender Lage auf einem Hügel über dem südlichen Ufer der Donau.

Bei den Benediktinern waren Gartenanlagen immer schon ein wesentlicher Bestandteil der Klosteranlagen, heißt es doch in der Regel des heiligen Benedikt: „Das Kloster soll, wenn möglich, so angelegt werden, daß sich alles Notwendige, nämlich Wasser, Mühle und Garten, innerhalb des Klosters befinden und die verschiedenen Arbeiten des Handwerks dort ausgeübt werden können." In den Außen- und Freiraumbereichen gab es von alters her reiche, anspruchsvoll geplante und gestaltete Gärten, die im Klosterleben eine bedeutende Rolle spielten.

Die Nutzung wandelte sich im Laufe der Zeit: Hatten die Gärten ursprünglich neben der Repräsentation vor allem der Selbstversorgung des Klosters gedient, so verschob sich ihre Bedeutung bis heute mehr in Richtung der Präsentation historischen Kulturguts. Ihre Rolle als Orte der geistigen, seelischen und körperlichen Rekreation für die Angehörigen des Klosters und für Gäste haben die Gärten freilich bis heute behalten.

Das älteste bis heute bekannte Beispiel eines mittelalterlichen Klostergartens zeigt uns der bekannte St. Gallener Klosterplan, 825 vom Mönch Reginbert verfaßt. Im

Gegenüber: *Kiefern (Pinus sylvestris austriaca) im Garten von Stift Göttweig; im Hintergrund ein Turm des von Johann Lukas von Hildebrandt erbauten Stiftsgebäudes.*

wesentlichen sind auf diesem Plan vier Gärten zu erkennen: einer am Kreuzgang, ein Gemüsegarten, ein Kräutergarten und der Baumgarten. In der Mitte fand sich eine quadratische Fläche, wo vermutlich ein als Mittel gegen böse Geister angesehener Sadebaum gepflanzt war; das Wort „savina" im Plan, wahrscheinlich ein Hinweis auf den lateinischen Namen des Baumes, *Juniperus sabina*, weist darauf hin. Obwohl es sich um den Garten eines christlichen Klosters handelte, finden sich hier also noch heidnische Elemente.

In der Weiterentwicklung der klösterlichen Gartenkultur gelangen wir schließlich zu den repräsentativen barocken Anlagen, wie wir sie auch in Göttweig antreffen. Der Klostergarten, umschlossen von den Klostermauern, sollte der „vita activa" das unverzichtbare komplementäre Element, die „vita contemplativa", hinzufügen und entsprach damit der Regel des heiligen Benedikt, „ora et labora".

Der Garten von Stift Göttweig, aufgeteilt in Konvents- und Prälatengarten, zeigt die Formensprache des 18. Jahrhunderts. Auf dem Franzisceischen Kataster, entstanden im Gefolge der Vermessung der Länder der österreichischen Monarchie unter Kaiser Franz I. (II.), sind die Parterreanlagen der angeführten Bereiche zu erkennen. Der Konventsgarten ist nur den Mönchen des Stifts vorbehalten und nicht zugänglich. Der reiche Baumbestand stammt aus dem 19. Jahrhundert, doch sind die Kastanien leider wie vielerorts durch die Miniermotte schwer in Mitleidenschaft gezogen.

In nordwestlicher Richtung, am Rand einer als Sportplatz genutzten Freiraumfläche, befindet sich ein barocker, derzeit ungenutzter Gartenpavillon mit bereits verblichenen, etwas naiven Wandmalereien mit Landschaftsmotiven. Vom Weg am Fuß der Stiftsmauern bietet sich ein herrlicher Ausblick auf die Wachau. Es wäre für Gottweig zu wünschen, daß auch dort jahrhundertealte klösterliche Gartenkultur revitalisiert erhalten bliebe. Seitenstetten ist ein gutes Beispiel dafür, daß es funktionieren kann. Eine interessante Variante wäre auch eine Verknüpfung revitalisierter Gärten sowohl in Göttweig als auch in Bertholdstein.

Stift Göttweig

Anschrift: *Benediktinerstift Göttweig,*
3511 Furth bei Göttweig.
Tel.: 02732/85581-231,
Fax: 02732/85581-244.
E-Mail: tourismus@stiftgoettweig.at
Internet: www.stiftgoettweig.or.at

Anfahrt: *A22 Donauuferautobahn, B3 bis Krems, über die Donaubrücke, B20 nach Süden.*

Öffnungszeiten: *Die begehbaren Bereiche des Gartens sind im Rahmen des Besuches des Stiftes bis auf Ausnahmen täglich zu besichtigen.*

Barockes Portal im Garten von Stift Göttweig; historische Aufnahme.

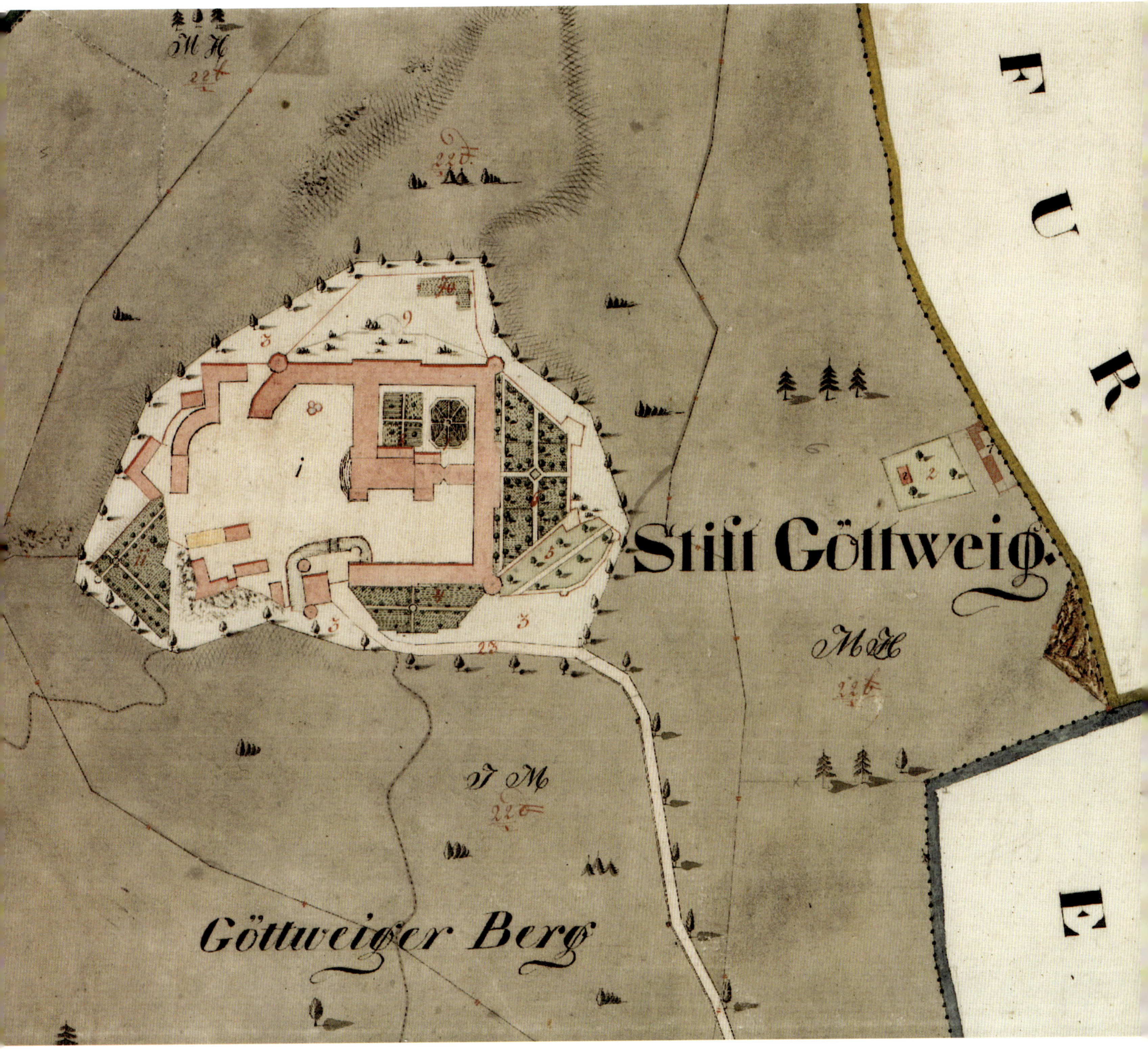

Auf dem Franzisceischen Kataster lassen sich die Bereiche in der Formensprache des 18. Jahrhunderts – etwa Prälaten- und Konventsgarten – noch gut erkennen.

STIFT MELK

BAROCKER GARTENPRUNK

In Stift Melk, in beherrschender Lage auf einem Höhenrücken oberhalb der Donau gelegen, zeigt sich die Pracht barocker klösterlicher Gartenanlagen in ihrer ausgeprägtesten Form. Der Garten bildet quasi den Rahmen für die kolossale Barockanlage, die auf eine Burg des Markgrafen Luitpold (Leopold) I. aus dem 10. Jahrhundert zurückgeht. Daneben bestand seit etwa 1100 ein Stift. Im Jahre 1014 wurde der in Stockerau getötete Märtyrer Koloman, der lange Jahre Landespatron Österreichs war, in den Mauern des Stiftes bestattet. Die Besiedelung von Melk erfolgte 1089, zur Zeit der Regierung des Babenbergers Leopold II., durch Benediktiner von Stift Lambach in Oberösterreich. Große Bedeutung erlangte Stift Melk für die österreichische Geschichtsschreibung, und zwar durch die berühmten Melker Annalen des 12. Jahrhunderts. Auch Literaten wie Heinrich von Melk sollen nicht unerwähnt bleiben. Nach einem Niedergang in der Reformationszeit wurde unter Abt Berthold Dietmayr in den Jahren von 1700 bis 1749 das Stift durch den berühmten Architekten Jakob Prandtauer umgebaut und barockisiert.

Freitreppe im Garten des Benediktinerstifts Melk.

Im Park von Stift Melk fügen sich eine barocke Gartenanlage und ein englischer Garten harmonisch ineinander und bilden eine vollendete Einheit. Basis war ein neben dem Gebäude liegendes Plateau. Ursprünglich gab es, wie auf von Franz Rosenstingl auf Holztafeln gemalten Ansichten neben dem erneuerten Stift zu sehen, auch eine barocke Gartenanlage mit Sternkomposition. Abt Dietmayr war es nicht mehr vergönnt, den Park vollendet zu erleben, erst unter Abt Thomas Pauer (1746–1762) konnte der Garten samt Pavillon verwirklicht werden.

Wenn man den schmalen Zugang durch die Basteien nimmt, steht man unmittelbar im herrlichen Barockparterre des Gartens. Eine Ansicht aus dem Jahre 1750 zeigt ihn mit seinen Terrassen in der Form, die sich bis heute weitgehend erhalten hat. Architekt war jener Franz Rosenstingl, welcher Jahre zuvor die Vedutenmalereien des Stiftes geschaffen

Gegenüber: *Stift Melk thront in majestätischer Lage auf einer Anhöhe über der Donau.*

Der prachtvolle barocke Gartenpavillon, der zur „Rekreation" der Mönche dienen sollte, entstand 1747 bis 1748.

Deckenmalerei von Johann Bergl im Gartenpavillon.

hatte. Wie dem Plan zu entnehmen ist, handelt es sich bei dieser Anlage um keinen auf eine Achse ausgerichteten Garten; er paßt sich dem Gelände in eleganter Weise an. Die Anlage spricht mit ihrer Symmetrie und den streng geordneten Gartenteilen die Formensprache des Barock. Der Pavillon, der zur „Rekreation", also zur Erholung der Mönche dienen sollte, entstand in den Jahren von 1747 bis 1748, Architekt war Josef Munggenast. Auf der Frontseite findet sich das Wappen von Abt Thomas Pauer; Schöpfer der plastischen Ausschmückung an der Frontseite war der St. Pöltener Bildhauer Johann Peter Widerin, die Gestaltung des Innenraumes stammt von Johann Bergl, wurde aber wesentlich später, um 1763/64, durchgeführt. Die Themen der Fresken, vom „Triumph des Lichtes" über die Kontinente im Laufe der Jahreszeiten bis

Der Säulenpavillon, ein typisches Element barocker Gartenanlagen, lädt zu beschaulicher Ruhe ein.

Eine Vielzahl verschiedener Rosenarten ist im Stiftsgarten zu bewundern.

zu herrlichen Tier- und Pflanzendarstellungen, Paradiesvögeln und Szenen aus dem fernen Afrika wirken fröhlich und heiter.

Auf dem Weg zum Pavillon, der in einer Achse auf das Portal mit Freitreppe trifft, stößt man auf ein rundes Zierbecken mit Wasserspiel; es bildet einen Kreuzungspunkt, von dem aus die Hauptachse wegführt und dem Betrachter die Großzügigkeit der Gartenanlage und die Schönheit des Parterres erschließt. Den Rahmen dieses Parterres bilden Winterlinden- und Hainbuchenhecken. Überdies finden sich Eiben, in der für den Barock typischen Kegelform geschnitten, und kugelförmige Kirschbäume. Vor dem Pavillon sind englische Rosen gepflanzt, die mit ihren unterschiedlichen Farbnuancen einen hübschen Kontrast zum Rosa des Gebäudes bilden. Geht man vom Pavillon in Richtung Norden, so erreicht man eine Allee aus Winterlinden. Der erste Weg, der nach rechts abzweigt, führt uns auf die erste Terrasse mit dem englischen Garten, wo wir im Gegensatz zur strengen Barockanlage die für den englischen Park typischen Szenerien mit ihren vielfältigen Baum- und Strauchgruppen vorfinden. Die barocke Strenge wurde gelockert, sogenannte *clumps* (Gehölzgruppen) und Haine wechseln einander ab, doch sind noch Reste der barocken Bepflanzung, etwa ein alter Buchsbaum, vorhanden.

Auf einem schmalen Weg gelangt man auf die zweite Terrasse, nach Süden zu durch drei große Eiben abgeschlossen, die in Form und Anlage noch an die barocke Gestaltung erinnern. Ein riesiger Mammutbaum *(Sequoiadendron giganteum)* auf dem sich weiter nach Norden fortsetzenden Weg wirkt als „Landmark" in diesem Bereich. Dazu findet man Weihrauchzederbäume, Eiben, Fichten und Buchsbäume. Von der Lindenallee aus führen Wege in die nördlichsten Bereiche der Anlage, wo ein neu errichteter Holzpavillon plaziert wurde.

Die dritte Terrasse wird beherrscht von einem großen Wasserbecken und alten Linden. Auf der Böschungskrone in der Längsachse steht der neu restaurierte Säulenpavillon. Wenn man die dritte Terrasse verläßt, sieht man zu linker Hand das sogenannte Paradiesgärtchen – die Bezeichnung erinnert an das von Gott geschaffene Paradies, welches im Garten ein fernes Echo finden soll – mit einer Vielzahl verschiedenster Pflanzen: Heil-, Gewürz- und Duftkräuter wechseln einander in elegant aufgeteilten Beeten ab. Ein Beispiel für ein solches Paradiesgärtchen findet sich auch in den Ausgrabungen vor der Hofburg in Wien: sie waren wesentliche Bestandteile der Hofgärten von Stiften und weltlichen Herrensitzen.

In Richtung des Parterres gelangt man schließlich zu einem abwärts führenden Rampenweg, an dessen Rand den zahlreiche unterschiedliche Rosenarten gepflanzt sind. Neben dem erwähnten Gartenpavillon und dem wiederhergestellten Holzpavillon gab es noch weitere Lustgebäude, die jedoch verschwunden sind: zum Beispiel ein 1969

Auf dem Franzisceischen Kataster, nach 1820 entstanden, sind die barocken Gärten deutlich zu erkennen.

Im Paradiesgärtchen findet sich eine Vielzahl an Duft-, Gewürz- und Heilkräutern.

abgerissenes Lusthaus im Bereich des heutigen Basteikellers, welches den Endpunkt der Donauallee in Richtung Westen bildete. Dieses Lusthaus, auch als Gloriette bezeichnet, wurde 1818 errichtet und diente dazu, den Parkausgang zu markieren. Aus dem Jahre 1829 wird von einem Lusthaus beim Wasserreservoir berichtet, das heute ebenfalls nicht mehr besteht. An dessen Stelle wurde später, vermutlich Ende des 19. Jahrhunderts, der neobarocke, auf Säulen über einem achteckigen Grundriß errichtete und mit einem grünen Dach versehene Honoratpavillon errichtet, benannt nach P. Honorat Novosatek. Zwei sogenannte Treillage-Pavillons, auf der ersten Etage des Stiftsparks gelegen, sind verschwunden, auf dem Bild von Franz Rosenstingl aus dem Jahr 1750 hingegen noch zu erkennen.

Obwohl „hinter Klostermauern" gelegen, präsentieren sich die Gärten von Melk bis heute als Ort immer noch bestehender barocker Gartenfreude.

Stift Melk

Anschrift: *Abt-Berthold-Dietmayr-Straße 1. 3390 Melk.*
Tel.: 02752/52312-224,
Fax: 02752/52312-226.
E-Mail: kultur.tourismus@stiftmelk.at
Internet: http://www.stiftmelk.at

Anfahrt: *A1 Westautobahn bis zur Ausfahrt Melk.*

Öffnungszeiten: *1. Mai bis Ende Oktober täglich 9 bis 17 Uhr.*

STIFT SEITENSTETTEN

EIN „NEUER“ ALTER KLOSTERGARTEN

Der historische Hofgarten von Stift Seitenstetten im Mostviertel ist wichtiger, auch heute noch lebendiger Bestandteil des Klosters. Wo läßt sich der Leitspruch des Benediktinerordens, „ora et labora“, besser anwenden als in der kontemplativen und gleichzeitig bodenständigen Beschäftigung mit dem Garten? In diesem Sinne finden wir besonders unter diesem Orden – wie in Melk, Göttweig und eben auch in Seitenstetten – prächtige, meist renovierte Gartenanlagen.

Erste Hinweise auf den Stiftsgarten gibt es auf Zeichnungen aus dem 17. Jahrhundert, auf denen neben dem Meierhof bereits ein Garten zu erkennen ist. Der große Meilenstein war aber zweifelsohne die Schaffung eines Barockgartens im Jahre 1751, anläßlich des Umbaus der Stiftsgebäude von 1717 bis 1775. Durch den damaligen Umbau der Wirtschaftsgebäude zum großzügigen Vierkanthof bekam das Stift seine endgültige Architekturform. Aus dieser Zeit sind uns das prachtvolle schmiedeeiserne Eingangsportal, die zweihundert Meter lange Hauptachse und einige barocke Sandsteinvasen erhalten geblieben. Im Laufe der Jahre verloren sich die strengen Formen des Barockgartens; im 19. Jahrhundert findet man zwar noch die Einteilung des Gartens in vier regelmäßige, gleich große Rechtecke, diese sind aber mit gemischten Gehölzen und Wiesen bewachsen. Der immer lockerer werdende Baumbestand ließ mit der Zeit die ursprünglichen Formen nur noch erahnen. Im 20. Jahrhundert wechselten Phasen der Verwilderung und der sorgsamen Pflege – vor allem als Nutzgarten –, bis 1994 die Revitalisierung der Anlage durch behutsames Kombinieren der historischen Teile mit aktuellen Plänen in Angriff genommen wurde. Ziel war es, den Garten bis zu den Millenniumsfeiern des Stiftes im Jahre 1996 fertigzustellen.

Ein prachtvolles barockes Schmiedeeisentor führt in den wiederhergestellten Stiftsgarten von Seitenstetten.

Gegenüber: *Blick aus der Vogelperspektive auf Stift Seitenstetten. Im Hintergrund der revitalisierte barocke Garten, rechts von der Hauptachse erkennt man das aus der Mitte des 19. Jahrhunderts stammende Glashaus.*

Springbrunnen tragen zum lieblichen Eindruck der revitalisierten Anlage bei.

Der Garten besteht heute aus insgesamt fünf Teilbereichen: Eingangsbereich, Barockgarten, Kräutergarten, Rosengarten und Gemüsegarten.

Treten wir durch das auffallend schöne schmiedeeiserne Barocktor in den Garten, so eröffnet sich uns zunächst eine landschaftlich gestaltete Fläche als Erinnerung an die Zeit des 19. Jahrhunderts. Malerische Strauchgruppen und einzelne Sträucher stehen auf größeren Wiesenflächen neben alten Obstbäumen. Das Prunkstück dieses Gartenteils ist aber unbestritten das rechts von der Hauptachse liegende Glashaus aus der Mitte des 19. Jahrhunderts. Das Gebäude und seine originelle Kanalheizung wurden alten Plänen entsprechend mit viel Kunstsinn von den Handwerkern des Stiftes restauriert; es dient heute der Aufzucht von Jungpflanzen und dem Überwintern der mediterranen Kübelpflanzen.

Der nächste Gartenteil ist streng formal angelegt. Der in der Mitte gelegene Steinbrunnen ist von vier gleichen, schlicht mit Rasen bewachsenen Parterreflächen eingerahmt, die Wegränder entlang läuft ein Band aus rotem Ziegelsplitt, gesäumt von einer niedrigen Buchshecke. Alte barocke Sandsteinvasen, auf Sockeln stehend, markieren die Wegkreuzungen. Im Sommer enthalten sie Topfpflanzen, Lorbeer und Myrte. Der Farbkontrast zwischen Hell- und Dunkelgrün, dazu das Grau der Vasen und das Rot des Ziegelsplitts sowie die formale Gestaltung in diesem Gartenbereich lassen die barocke Vergangenheit des Gartens wieder vor unserem Auge aufleben. Auf der linken Seite ist der Barockgarten mit einer von Weichselbäumchen und Hortensien bepflanzten Böschung gerahmt, die im Frühjahr mit Dichternarzissen, Schneeglöckchen und Scillen weiß erstrahlt.

Auf der rechten Seite des Barockgartens liegt der Kräutergarten, durch eine niedrige Obstbaumpalmette vom Weg abgeschirmt. Etwas versenkt, an der äußeren Seite durch eine Steinmauer geschützt, erinnert er an den „hortus conclusus" der damaligen Klöster und an die mittelalterliche Heilkunst der Mönche. In den rechteckigen, übersichtlichen Beeten wachsen uns geläufige, aber auch seltenere Heil- und Gewürzkräuter.

Kartoffeln haben einen Ehrenplatz im Kräutergarten, um auf die alte Tradition dieser Frucht in Seitenstetten hinzuweisen. Auch die Pfingstrose mit wunderlichen Namen wie „Chinese Dragon" oder „Renkaku" ist vertreten, ebenso sind es alte Obstsorten wie die „Gute Luise" und „Clapps Liebling" unter den Birnen oder etwa der „Rote Berlepsch" und die „Cox Orangenette" unter den Äpfeln.

Gegenüber: *Die barocke Gartenachse: in der Mitte ein ovales Zierbecken mit Springbrunnen, von vier gleichmäßigen Parterreflächen eingerahmt.*

Im Vischer-Stich aus dem 17. Jahrhundert zeigt sich das Stift noch ohne den prachtvollen Garten.

Folgt man der Hauptachse und geht durch den nun folgenden kleinen Ahornhain, gelangt man in den Rosengarten des Stiftes. Er wurde 1994 neu angelegt und beherbergt eine große Sammlung von zumeist historischen Rosensorten, die teils als Sträucher in den vier regelmäßig angeordneten Beeten blühen, teils als Kletter- und Schlingpflanzen die Rosenbögen beranken. Begleitet werden sie von farblich fein abgestimmten Stauden malerischer Clematis. Rund um den Rosengarten liegt eine mit Obstgehölzen bewachsene Wiese, wo im Frühjahr verschiedene Blumen und im Sommer Wildrosen blühen. Der Gemüsegarten, der fünfte Gartenbereich, ist ebenfalls in vier größere Flächen aufgeteilt; die Mittelachse setzt sich bis hier fort, links und rechts mit Kirschbäumen bepflanzt. An der Kreuzung der vier Wege liegt wiederum ein steinerner Brunnen. Diese Kräuter- und Gemüsegärten dienten seit eh und je zur Versorgung der Bewohner des Klosters mit Obst, Gemüse und allerlei Schnittblumen sowie als Aufzuchtsort

Gegenüber: *Blick vom Zierbecken mit Springbrunnen in die Achse. Barocke Vasen säumen den Weg.*

für Gartenpflanzen. Die angrenzenden Wirtschaftsgebäude werden ebenfalls ihrer Funktion entsprechend wieder genutzt. Nennenswert ist die Restaurierung des ehemaligen Dörrhauses in seiner ursprünglichen Form. Mit einem kleinen Bauerngärtlein versehen, dient es heute noch der Obstveredelung.

In der Gartenanlage von Stift Seitenstetten finden wir eine gelungene Symbiose zwischen historischer Gartensubstanz und Modernität, und das nicht nur im ästhetischen Bereich, sondern auch in der Gartentechnik; die althergebrachte Kanalheizung des Glashauses besteht neben einem modernen, raffiniert durchdachten Bewässerungssystem, das, in mehrere Kreise gegliedert, den gesamten Garten mit Wasser versorgt. Die Beschilderung und eine ausführliche Broschüre informieren den Besucher über die verschiedenen Arten von Pflanzen und die Geschichte des Gartens.

Stift Seitenstetten

Anschrift: *Stift Seitenstetten, Am Klosterberg 1, 3353 Seitenstetten, Tel.: 07477/42300-77. E-Mail: stift@stift-seitenstetten.at, Internet: www.stift-seitenstetten.at*

Anfahrt: *A1 Westautobahn bis zur Ausfahrt Amstetten Süd, B121 und B122 bis Seitenstetten.*

Öffnungszeiten: *Ostern bis Allerheiligen täglich 8 bis 20 Uhr. Einmal jährlich finden die sogenannten Gartentage mit Verkaufsausstellung statt.*

Wasser dient in den barocken Gärten als belebendes Element.

BURGEN & SCHLÖSSER

Gegenüber: *Steinerner Löwe als Wappenhalter im Schloßpark von Grafenegg.*

SCHLOSS ARTSTETTEN

DER GARTEN DES THRONFOLGERS

Schloß Artstetten, westlich von Melk auf einer Anhöhe über dem Donautal gelegen, ist ein geschichtsträchtiger Ort, bekannt vor allem als Grabstätte des 1914 in Sarajevo ermordeten österreichischen Thronfolgerpaares. Urkundlich erstmals 1263 erwähnt, wurde es 1560 bis 1592 durch Matthias Grundreching umgebaut. 1691 war das Schloß im Besitz der Rotenhaus, 1823 erwarb es Kaiser Franz I. Hinter dem äußerst gepflegten Gebäude, einem dreigeschossigen Bau mit vier von Zwiebelhauben bekrönten Rundtürmen, erstreckt sich von Ost nach West eine Gartenanlage, die unter Erzherzog Karl Ludwig, dem jüngeren Bruder von Kaiser Franz Joseph I. und Vater von Thronfolger Erzherzog Franz Ferdinand, angelegt wurde. Er war für die großräumige Strukturierung und das Wegenetz verantwortlich.

Der Park von Artstetten, der heute im nachrückenden Wald aufgeht, ist im landschaftlichen Stil gestaltet, zum Teil finden sich Elemente des Historismus. Auf einem Parkgrundriß aus dem Jahre 1865 ist die damalige Konzeption gut erkennbar. Die geschwungenen und geschlängelten Wege sowie die Anordnung der Gehölzgruppen zeigen die typische Formensprache des Landschaftsgartens. Der Park von Artstetten machte wie ähnliche Anlagen des späteren 19. Jahrhunderts ebenfalls die Entwicklung zum Ort botanischer Sammlungen mit. Im Jahre 1900 ließ Erzherzog Franz Ferdinand durch den Gartenarchitekten Molnar eine formale Gartenanlage anlegen und verschiedene Bereiche des Gartens umgestalten. In dieser symmetrischen Gestaltung findet sich ein sogenannter Spuckmann, ein Wasserspeier. Terrassen gliedern diesen Formalgarten, Treppen lassen den Spaziergänger die Höhenunterschiede überwinden. Erzherzog Franz Ferdinand ließ auch eine repräsentative Vorfahrt anlegen und Gehölze anpflanzen.

Hölzernes Gartengerüst im Landschaftspark von Schloß Artstetten westlich von Melk.

Gegenüber: *Artstetten, auf einem langgestreckten Höhenzug nördlich der Donau gelegen, war einst Wohnsitz von Thronfolger Franz Ferdinand und seiner Gemahlin, der Herzogin von Hohenberg.*

Freitreppen im Garten von Artstetten lassen die Höhenunterschiede überwinden.

Ansicht von Artstetten aus G. M. Vischers Topographie.

Pflanzendetail aus dem Garten von Schloß Artstetten.

Schloß Artstetten

Anschrift: *3661 Artstetten 1,*
Schloß Artstetten.
Tel.: 07413/8302, 8006,
Fax: 07413/8302-15.
E-Mail: museum@schloss-artstetten.at
Internet: www.schloss-artstetten.at

Anfahrt: *A1 Westautobahn bis Melk, jenseits der Donau B3 bis Klein-Pöchlarn, dort Abzweigung nach Artstetten.*

Öffnungszeiten: *Teile des Gartens können beim Besuch des Franz-Ferdinand-Museums und anderer, temporärer Ausstellungen besucht werden. 1. April – 1. November 9–17.30, Gruppen bei Voranmeldung auch im Winter.*

SCHLOSS ECKARTSAU

DER PARK IM AUWALD

Das „Au" im Namen von Schloß Eckartsau erinnert bereits an die unmittelbare Nähe des Donaustroms; einer seiner Nebenarme, der sogenannte Fadenbach, wurde beim Bau der ursprünglichen Veste strategisch ausgenützt, waren doch diese Seitenarme der Donau, auch als „Gänge" bezeichnet (Burg Sachsengang erinnert daran), eine undurchdringliche Wildnis und die Schlösser und Herrensitze dadurch für Feinde nur schwer einzunehmen. Der Wildreichtum zwischen Donau und March ließ das Marchfeld zu einem Lieblingsaufenthalt von Mitgliedern des Kaiserhauses und des Wiener Hofes werden.

Jagdschloß und Park von Eckartsau liegen am Südrand des Marchfelds in den Ausläufern der Donauauen; der fließende Übergang vom Park in die Natur macht den besonderen Reiz der anmutigen Anlage aus. Das zweigeschossige, um einen rechteckigen Hof angelegte Schloßgebäude mit dem mittelalterlichen Kern wurde 1190 erstmals urkundlich erwähnt. Grundherrschaft war damals das Hochstift Regensburg, die ältesten Besitzer und dem Hochstift lehenspflichtig waren die Herren von Eckartsau, eine bedeutende niederösterreichische Familie. Nach deren Aussterben 1507 waren die Herren von Volkenstorff Eigentümer, ab 1572 die Herren von Teuffel, danach die Herberstein, ab 1720 der böhmische Hofkanzler Franz Ferdinand Graf Kinsky. 1722 bis 1732 wurde Eckartsau unter der Leitung des kaiserlichen Maurermeisters Alexander Oedtl, der Johann Bernhard Fischer von Erlach bei zahlreichen seiner Wiener Bauten als Bauführer diente, neu adaptiert und die barocke Phase eingeleitet; in den Jahren von 1730 bis 1732 unter der Leitung Joseph Emanuel Fischers von Erlach, des Sohnes von Johann Bernhard. Zahlreiche Gemälde und Statuen im Inneren des Gebäudes beziehen sich auf die Nutzung als Jagdschloß, so die

Deckenfresko in der Sala terrena und Fenster zum Innenhof des Schlosses von Eckartsau.

Gegenüber: *Bizarre Baumformen im Schloßpark von Eckartsau am Übergang vom kultivierten Park in die umgebende Aulandschaft.*

Darstellung der Jagdgöttin Diana als Giebelgruppe sowie die von Lorenzo Mattielli geschaffenen Statuen des mythologischen Jägerpaares Meleager und Atalanta aus der kaledonischen Eberjagd. Das Deckenfresko von Franz von Roitters zeigt die Rot-, Schwarz- und Niederwildjagd, das Deckengemälde im großen Saal, von Daniel Gran 1760 geschaffen, ist einer Verherrlichung der Jagdgöttin Diana gewidmet. 1760 wurde das Schloß von den Habsburgern erworben; Ende des 19. Jahrhunderts wurden die Gärten unter Thronfolger Erzherzog Franz Ferdinand, einem großen Jagd- und Gartenfreund, neu gestaltet; Architekt war Anton Umlauft, Hofgartendirektor von Schönbrunn. Von historischem Interesse ist die Tatsache, daß der letzte österreichische Kaiser, Karl I., in Eckartsau lebte, bevor er in die Schweiz ins Exil ging. Seit 1945 befinden sich Schloß und Park im Besitz der Österreichischen Bundesforste.

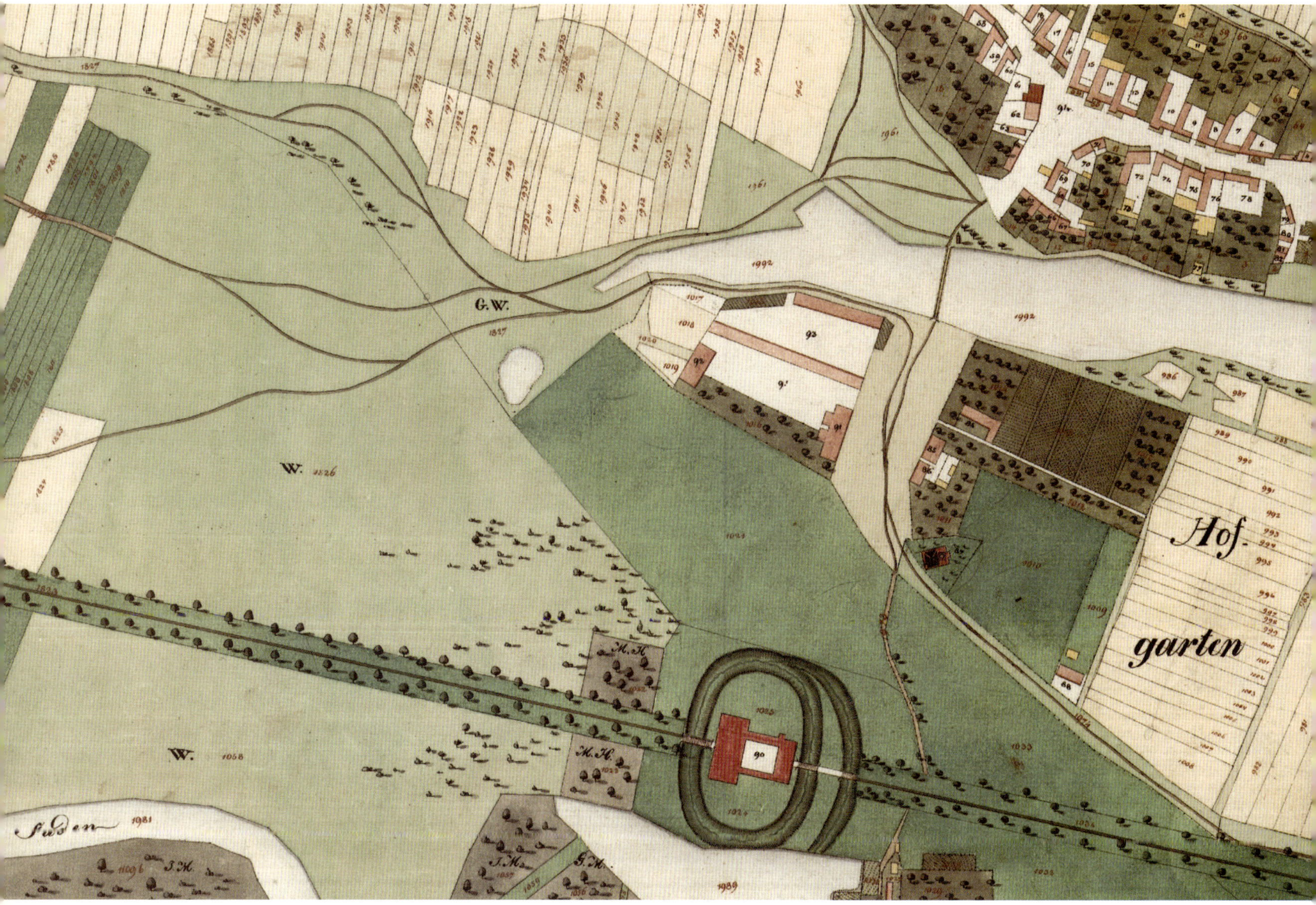

Franzisceischer Kataster: Die lange Allee, die zum Schloß führt, ist gut zu erkennen.

Der weitläufige Park im landschaftlichen Stil zeigt noch Teile aus der barocken Epoche, darunter die in ost-westlicher Richtung verlaufenden Alleen aus Linden und Kastanien, in der Nähe des Schlosses zum Großteil noch erhalten; sie werden zwar stark vom heranrückenden Gehölz bedrängt, wirken aber immer noch sehr stimmungsvoll. Zum Teil wurden bei den historischen Baumarten aus Gründen der Überalterung entstandene Lücken durch die Nachpflanzung anderer Arten ersetzt, wodurch der authentische Charakter etwas verfälscht wurde. Im Parkauwald stehen an ausgewählten Stellen, heute sehr verwachsen, immer wieder einst gezielt gesetzte historische Parkbäume. Diverse Plätze und malerisch angeordnete Baumgruppen sind im Wald aufgegangen.

Neben dem erwähnten historischen Baumbestand ist auch ein Großteil des Wegenetzes noch erhalten. Im

Formaler Bereich im Schloßgarten von Eckartsau.

Rahmen der Neugestaltung durch Anton Umlauft wurde auch ein bis dahin (1897) vorhandener Wassergraben beim Schloß zugeschüttet, welcher sich topographisch heute noch ablesen läßt. Ein besonders interessanter Aspekt ist die Verzahnung mit dem Nationalpark Donauauen (seit 1996), war doch schon im 19. Jahrhundert an einen ästhetisch ansprechenden Übergang zum natürlichen Auwald gedacht worden. Neben der konzeptionellen Integration des Auwaldes in die Anlage, südlich der Allee, hat man nördlich davon auch das umgebende Weideland im Umfeld der Donau mit einbezogen. Man ahnt die Nähe des Stroms und die von Schwermut geprägten Weiten des Ostens. In Eckartsau sind Schloß und Garten noch eine spürbare Einheit. Bei den Arbeiten, die der Sicherung und dem Erhalt der Parkanlage dienen, wird der Bestand laufend aufgelichtet, bei der Neupflanzung wird eine genaue Auswahl von Arten und deren Standorten getroffen. Das Wegenetz wird wiederhergestellt. Die Lebensfreude, die diese Objekte mit ihren Garten- und Parkanlagen ausstrahlen, hat sich trotz der großen politischen und sozialen Umwälzungen im letzten Jahrhundert bis in unsere Tage erhalten.

Schloß Eckartsau

Anschrift: *Forstverwaltung Eckartsau der Österreichischen Bundesforste, Schloß Eckartsau, 2305 Eckartsau 1. Tel.: 02214/2240-0, 02214/2235-18 (Nationalpark), Fax: 02214/2240-19. Internet: www.volkskulturnoe.at/ museen/0190.htm*

Anfahrt: *B3 entlang des nördlichen Donauufers über Groß-Enzersdorf, Orth an der Donau, in Kopfstetten Abzweigung nach Eckartsau.*

Öffnungszeiten: *Der Park ist frei zugänglich. Schloß: 1. April bis 31. Oktober Samstag, Sonntag, Feiertag 11 und 14 Uhr (nur mit Führung).*

Oben: *Die Natur erobert den Bereich um das Schloß zurück.*

Gegenüber: *Ein für die Donauauen charakteristischer Weiher am Rand des Schloßparks von Eckartsau.*

SCHLOSS ERNSTBRUNN

SINZENDORFS REICH

Der englische Landschaftspark von Ernstbrunn, der sich auf den waldigen Höhen des Semmelberges zwischen Ernstbrunn und Dörfles hinzieht, besitzt einen herrlichen Baumbestand des 19. Jahrhunderts und diverse Denkmäler und Staffagebauten. Wunderschön gruppierte Gehölzgruppen und würdige Solitärbäume prägen den weitläufigen Park. Schon der schlesische Dichter Joseph von Eichendorff, der sich in Ernstbrunn aufhielt, sprach von dem „Schloß in dem Waldgebirg". Eine Besonderheit des Ensembles von Schloß und Park Ernstbrunn sind 43 aus dem 18. Jahrhundert stammende Figuren, die im Gelände des Schloßparks vergraben wurden. Möglicherweise haben sie ihrem Besitzer, dem Fürsten Prosper von Sinzendorf, der auch als der Schöpfer des Landschaftsparks anzusehen ist, mißfallen.

Steinskulptur im Schloßpark von Ernstbrunn.

Ein markanter Punkt im Park ist der barocke Schüttkasten, selbst wie ein Schloß für sich anzusehen und, wenn man von Ernstbrunn in Richtung Enzesdorf im Thale fährt, zu rechter Hand am Rand eines Feldes gelegen. Am Beginn der Allee, an der Abzweigung nach dem Ort Klement, steht ein Obelisk für den Grafen Saurau, oberster Hofkanzler und Freund und Zeitgenosse des Fürsten Prosper von Sinzendorf. Wenn man an dieser Weggabelung in Richtung Schloß abzweigt, findet sich zu rechter Hand der Rest eines ummauerten Formalgartens. Dabei handelte es sich um einen terrassierten Garten aus der Zeit um 1800, welcher heute als Küchengarten genutzt wird. Den überwiegenden Teil des Geländes nimmt jedoch der englische Landschaftspark ein.

Eine interessante und bis heute weitgehend noch gültige Beschreibung des Landschaftsparks von Ernstbrunn findet sich in der *Darstellung des Erzherzogtums Österreich unter der Enns, durch umfassende Beschreibung aller Burgen, Schlösser, Herrschaften, Städte, Märkte, Rotten etc.* aus dem Jahr 1833. Darin steht

Gegenüber: *Ernstbrunn, das „Schloß in dem Waldgebirg", wie es Joseph von Eichendorff in einem Brief über seine Reise ins Weinviertel nannte, liegt am Abhang des Semmelberges zwischen Ernstbrunn und Dörfles.*

Folgendes zu lesen: „Am Fusse des südlich vom Schlosse zwischen diesem und dem Markte sich erhebenden, sogenannten Semmelberges, ziehen sich die terrassenförmig angelegten Obst- und Küchengärten hin, in deren grossen Treibhäusern sich früher die seltensten exotischen Gewächse befanden. An einer Seite dieser Gärten gegen das Schloss zu steht ein sehr geräumiger, einen hohen Salon enthaltender Pavillon, welcher von zwei Seiten durch Glaswände geschlossen, an seinem Fussboden ein wahres Kunstwerk birgt, indem dieser alle, zu den Zeiten des verstorbenen Fürsten auf seinen sämtlichen Herrschaften befindlichen Marmor- und Steinarten in vortrefflicher Mosaikarbeit vereinigt. Meisterhafte und zahlreiche Kreidezeichnungen zierten während des Fürsten Lebzeiten die schön drappierten Wände dieses freundlichen Salons, in welchem der kunstsinnige Schöpfer desselben so manche Stunde zubrachte." Weiters heißt es über die landschaftlichen Szenerien im Park: „Wo man auch in den Umgebungen dieses wild romantischen Schlosses weisen mag, überall wird man Stellen finden, an welchen die Gruppierung des Ganzen oder einzelner Theile ein Gemälde bilden, dessen Spuren dem gefühlvollen Naturfreunde niemals entschwinden können und wenn auch manches Einzelne darin ganz vorzügliche Ansichten hervorruft – wie dies auf der Höhe des Semmelberges der Fall ist, wo das Auge durch eine besondere Lieblichkeit, in welcher die ganze Gegend hier erscheint, entzückt wird – oder wenn der Blick aus den Partien des den Schlossberg umgebenden englischen Gartens in die Umgebungen des in einer Schlucht gelegenen kleinen Ortes Dörfles dahinschweift – so wird doch immer der Haupteindruck, den Ernstbrunns Lage hervorbringt, einen Vorzug unter diesen mannigfachen Naturschönheiten

Franzisceischer Kataster: Der Bereich des Landschaftsparks liegt vor allem auf dem Semmelberg, unterhalb der Gemarkung zu Dörfles.

schwer machen!" Und der Orientalist Joseph von Hammer-Purgstall schreibt in einem Brief über Ernstbrunn: „Wie oft wünscht sich nicht der prosaische Beschreiber einer poetischen Aussicht Farben statt Worte und den Pinsel eines Claude Lorrain um die Aussicht mahlen zu können, statt zu beschreiben. Mit der Erfüllung dieses Wunsches würde aber weder dem Beschreiber dieser Aussicht, noch dem Leser dieser Beschreibung viel gedient seyn, weil die Darstellung dieser Aussicht kein Vorwurf für Pinsel und Palette, sondern wirklich nur für Wort und Feder ist; der Mahler kann nur vor sich hin, aber nicht zugleich unter sich hinab, und über sich hinauf in die Linie des Gesichtsstrahles hinaus, und dann wieder zugleich zur Seite stehen und mahlen, und müßte mehrere einzelne Gemälde liefern, durch deren Vereinzelung der Gesamteindruck des Ganzen verloren ginge. Ich muss es also schon versuchen so gut ich kann, dir mit

Oben: *Historisches Gartenmobiliar in Ernstbrunn.*
Unten : *Herrliche alte Bäume kennzeichnen den Park von Ernstbrunn.*

Herbststimmung im Landschaftspark von Ernstbrunn mit Blick auf das Schloß.

Worten statt mit Farben, wenn nicht zu mahlen doch zu grundieren. Ich mahle dir bloss vom Gebäude hinaus; die Blumen die an demselben stehen, magst du, liebstes Weib, da dieselben selbst so schön mahlest, dir selber mahlerischer hinzu denken als ich beschreibe. Vom Geländer, wodurch dieses Belvedere im halben Kreise umschlossen wird, senkt sich der Blick im Vogelfluge auf die den Berg hinunterwogende, grüne Waldfluth, zwischen der einzelne Gebäude, wie die weißen Inseln der Seligen im grünen Meere auftauchen. Jenes entferntere ist die Försterey, dieses nähere ein sehr wohl eingerichtetes Theater, und zunächst diesem ein Teich, der überall von Wald umgeben die grüne Wand seiner Ufer wiederspiegelt." So wie es Hammer-Purgstall bildhaft beschrieb, so erlebt man auch heute den Park, nämlich als „grüne Waldfluth".

Der Teich ist noch erhalten, auch ein Brunnenhaus, malerisch als antike Ruine gestaltet, findet sich im Talgrund. So hat der Landschaftspark von Ernstbrunn seine romantische Stimmung seit seiner Begründung über zweihundert Jahre hinweg bis heute bewahrt.

Schloß Ernstbrunn

Anschrift: *Wildpark Ernstbrunn, Am Steinberg, Parz. 1/1, 2115 Ernstbrunn. Tel.: 02576/2785.*

Anfahrt: *A22 Donauuferautobahn, B6 bis Ernstbrunn.*

Öffnungszeiten: *Das Schloß befindet sich in Privatbesitz und ist der Öffentlichkeit nicht zugänglich.*

SCHLOSS FELLING

DAS ROSENPARADIES IM WALDVIERTEL

Schloß Felling liegt im obersten Teil des Waldviertler Kremstals, in der Gemeinde Gföhl, politischer Bezirk Krems. Die ungemein reizvolle, hügelige Landschaft rundum, geprägt durch die Spannung zwischen schroffen, dunklen Wäldern und sanften, farbenfrohen Ackerlandstreifen, ist allein schon einen Ausflug wert. Das Gebäude inmitten des Dorfes Felling präsentiert sich als zweigeschossiges Landschloß um einen rechteckigen Hof. Die Grundmauern des ältesten Teils stammen angeblich aus der Zeit vor 900, doch wurde die Herrschaft Felling erst 1232 erstmals erwähnt. Der Kern der jetzigen Anlage stammt aus dem 16. / 17. Jahrhundert. In der Reihe der Besitzer finden sich so bekannte Geschlechter wie die Starhemberg und die Dietrichstein; seit 1654 ist Felling im Besitz der Grafen von Gudenus. Damals wurde es von Johann Christoph Gudenus (1632–1705) allein zu dem Zweck erworben, seine umfangreiche Gemäldesammlung unterzubringen. 1797 wurde das Gebäude von Andreas Zach aufgestockt. Der jetzige Eigentümer, Lorentz Graf Gudenus, übernahm 1990 den Besitz in desolatem Zustand, seither werden Schloß und Gartenanlage saniert. Im näheren Umfeld liegt hoch über der Krems die Burgruine Hohenstein, ebenfalls im Besitz der Familie Gudenus, und die Burg Hartenstein, unter der sich die Gudenushöhle befindet, wo die ersten Funde aus der Neandertalzeit in Österreich gemacht wurden.

Leuchtende Pracht im Rosengarten.

Ursprünglich ein Forstbetrieb, wurde Felling 1994 auf eine Rosengärtnerei umgestellt, aufgeteilt auf mehrere kleinere Mauergärten und Terrassen, die eine Gesamtfläche von ca. zwei Hektar einnehmen. Schloß Felling, somit das einzige private Rosarium dieses Ausmaßes in unseren Breiten, beherbergt inzwischen etwa achthundert verschiedene historische und englische Rosensorten, Strauch-, Kletter- und Schlingrosen.

Durch die schöne, tonnengewölbte Einfahrt gelangt man in den von roten, gelben, weißen und rosaroten Kletter und- Schlingrosen bepflanzten Schloßhof. Verläßt

Gegenüber: *Blick in den Rosengarten von Schloß Felling im Kremstal.*

man den Hof rechts durch den kleinen Rundbogen, so eröffnet sich dem Blick des Besuchers der weitläufige versenkte Terrassengarten. Man lustwandelt auf Kieswegen von einem Rosenstock zum anderen, dazwischen lugen Lavendel- und Erdbeerpflänzchen hervor. Die rosige Pracht, der betörende Duft nach Myrrhe oder Apfel oder Zitrone oder eben nur Rose, die hundertblättrig gefüllten Blüten, die zarten Porzellanfarben bezaubern auf Nasen- und Augenhöhe, da die Königin der Blumen sich auch an den Terrassenmauern emporrankt.

Von der ersten Terrasse aus genießt man einen wunderbaren Überblick über den versenkten Garten. In der Mitte liegt eine kleine Wasserfläche, auf der sich bunte Enten, behäbige Gänse und allerlei andere Wasservögel tummeln.

Kommt man auf der oberen Ebene des Terrassengartens an, findet sich ein buchsumrandetes Kleinod, das wie eine Schatulle die ehemaligen Rosenzüchtungen der Gräfin Chotek umschließt. Sie war eine Schwester der Gemahlin des Thronfolgers Franz Ferdinand, Sophie Herzogin von Hohenberg, geborene Gräfin Chotek, und besaß zur Zeit der Jahrhundertwende in der Nähe von Preßburg ein Rosarium mit mehr als sechstausend Rosensorten sowie eigenen Züchtungen; eine umso bemerkenswertere Leistung, wenn man bedenkt, daß das heutige Rosarium Sangerhausen in Deutschland nur knapp sechstausend Rosen besitzt! Leider wurde das Chotek-Rosarium durch die

Die Mauern im Innenhof des Fellinger Landschlosses sind über und über mit Rosen bewachsen.

Kriegswirren und die nachfolgende kommunistische Herrschaft zerstört.

Eine weitere Ebene bietet die Möglichkeit, auf einer gepflegten Grasfläche, umgeben von seltenen Clematispflanzen und Pfingstrosen, Ballspiele, unter anderem das neu entdeckte Krocket-Spiel, zu veranstalten.

Der Rundgang führt weiter durch Gärten, die ähnlich einem Klostergarten durch die Grundmauern von ehemaligen Wirtschaftsgebäuden getrennt sind. Schlendert der Besucher durch den einstigen Obstgarten, so trifft er auf Schritt und Tritt auf florale Antiquitäten, die in Reih und Glied in Töpfen aufgereiht sind. Da ist zum Beispiel die Alba-Rose, die nur weiß und rosa blüht, dafür aber auch im Halbschatten, die Damaszener-Rose, die wahrscheinlich von den Kreuzrittern nach Europa gebracht wurde, die Gallica-Rose, die schon bei Griechen und Römern existierte. Nun folgt der Bereich der Kletter- und Schlingrosen, die in unzähligen Form- und Farbvarianten anzutreffen sind: eine „Gloire de Dijon", eine aprikosenfarbene, heikle Cottagerose, „Filipes Kiftsgate", eine besonders schnellwüchsige Sorte mit einfachblühenden, weißen, duftenden Blüten, die dornenlose „Zéphirine Drouhin" und viele andere mehr. An den prächtigen Hochstammrosen vorbei führt der Weg zu den Grundmauern der ehemaligen Scheunen, in denen die öfterblühenden Rosen aufgestellt sind. Auch hier eine blühende Invasion: Rosen, Rosen, nichts als Rosen!

Blick von der oberen Terrasse in den versenkten Garten des „Rosenschlosses".

Sind alle Gärten durchwandert, besteht die Möglichkeit, im oberen Bereich des Gartens auszuruhen und ein Picknick zu veranstalten. Der Blick schweift weit über die wellige Landschaft. Durch einen zweiten Durchgang gelangt man in den Hof, der den Besucher mit weißgetünchten Wänden empfängt.

Daß Rosen keine Mauerblümchen sind, hat der „Rosengraf" durch seine erfolgreichen Aktivitäten bewiesen. So gehören zum Gutsbetrieb des Schlosses auch diverse Ländereien; qualitätvolle Weine werden unter dem Namen des Hausherrn produziert und vermarktet. Schloß Felling ist zudem Zentrum der Vereinigung „Historische Monumente und Österreichs Gärten", in der Besitzer privater Schaugärten sich bereit erklärt haben, ihre Gärten für Besucher zu öffnen.

Schloß Felling

Anschrift: *3521 Felling.*
Tel.: 02718/2175, Fax: 02718/2174.
E-Mail: schloss-felling@nextra.at

Anfahrt: *Donauuferautobahn A22, B3 bis Krems, dann über Krems, Senftenberg, Unter-Meisling, Ober-Meisling bis Felling.*

Öffnungszeiten: *Mai bis Oktober Donnerstag bis Sonntag 10 bis 18 Uhr. Juli, August diverse Malkurse, Rosenseminare und Weinverkostungen, Ende September Erntedankfest, Anfang bis Mitte Dezember, je nach Mondphase, Christbaumverkauf.*

Das Zentrum der terrassierten Anlage bildet ein Parterre mit wechselnden Installationen.

SCHLOSS FROHSDORF

DES KÖNIGS GARTENREICH

Der Park von Schloß Frohsdorf, bei Lanzenkirchen südlich von Wiener Neustadt gelegen, gehört nicht unbedingt zu den spektakulärsten Anlagen Niederösterreichs, er weist jedoch zwei Besonderheiten auf: die historische Bedeutung des zugehörigen Schlosses und das Grottentheater im Garten.

Die Geschichte von Schloß Frohsdorf geht bis zum Jahre 1321 zurück; damals wird es als Wasserburg bezeichnet. In seiner heutigen Form stammt der Bau aus dem 18. Jahrhundert; Eigentümer waren unter anderen die Freiherren von Teuffel und die Grafen Hoyos. Ab 1822 gehörte das Schloß Gräfin Maria Annunziata, einer Schwester Kaiser Napoleons I., Gemahlin von Marschall Joachim Murat und als solche auch Königin von Neapel. Einige Jahre später kam es in den Besitz von Marie-Thérèse, Tochter von Marie-Antoinette, der im Verlaufe der Französischen Revolution enthaupteten Königin. Im Schloß wurde lange Zeit der blutbespritzte Spitzenkragen von König Ludwig XVI., dem Vater von Marie-Thérèse, als eine Art Reliquie aufbewahrt. Die Königstochter ist in Frohsdorf gestorben, an der Wand ihres Sterbezimmers findet sich eine Erinnerungstafel mit dem traurigen Text: „Ici, elévant son âme à Dieu, Marie-Thérèse de France a exhalé son dernier soupir avec sa dernière prière: le 19 octobre 1851 à II heures du matin" („Ihre Seele zu Gott erhebend, hauchte hier Maria Theresia von Frankreich mit ihrem letzten Gebet ihren letzten Seufzer aus. 19. Oktober 1851, um 2 Uhr morgens.") Später erbte den Besitz ihr Neffe, Henri Graf von Chambord, der hier eine Exilregierung errichtete und 1870/71 sogar beinahe noch einmal die Chance erhielt, nach Frankreich zurückzukehren. Doch seine Hoffnung, den Thron der Bourbonen wiedererrichten zu können, blieb vergeblich, und der Graf starb einige Zeit später in Frohsdorf. 1938 kaufte die deutsche Reichspost das Schloß, nach dem Zweiten Weltkrieg ging es in den Besitz der österreichischen Post über, die hier eine Fern-

Eine Gartenvase, die einst als Springbrunnen fungierte, ziert die auf die Freitreppe zuführende Achse.

Gegenüber: *Gartenfassade des ehemaligen Bourbonenschlosses Frohsdorf.*

Neben den Parterreflächen führt eine schattige Allee durch den Park.

meldeschule mit Internat einrichtete. Seit einigen Jahren ist die Schule aufgelöst, und man sucht eine neue Nutzung.

Der Park ist eine spätbarocke Anlage aus dem 18. Jahrhundert, die im 20. Jahrhundert rekonstruiert wurde. Eine Hauptachse führt von der Gartenfront des Schlosses in Richtung Nordwesten und wird links und rechts von Parterreflächen mit Rasen begleitet. Nach einigen Metern trifft die Achse auf ein Rondeau mit einer Brunnenschale in der Mitte. Nach diesem Punkt liegen die zwei nächsten Parterres links und rechts der Achse bereits in einem Parkwald mit einem herrlichen Bestand von Blutbuchen, Platanen und Eichen. Vom Erdgeschoß des Schlosses führt eine elegante Freitreppe in den Kiesweg der Achse. Die Bepflanzung mit Thujen indes dürfte nicht aus dem ursprünglichen Pflanzenprogramm von Frohsdorf stammen.

In einer Ecke des Gartens versteckt liegt ein äußerlich etwas vernachlässigt wirkendes Gebäude, das man zunächst für einen Wein- oder Obstkeller halten könnte. Doch beim Öffnen der Türen erfährt man eine Überraschung: Es eröffnet sich der Blick in ein prachtvolles Muschelgrottentheater; ähnliche sind in Österreich nur noch in Hellbrunn bei Salzburg und in Schloß Hagenberg zu finden. Wenn der Besucher den Raum betritt, befindet sich zu linker Hand an der Frontseite die Bühne. Drei Bögen, durch zwei Säulen getrennt, bilden den Zugang zur eigentlichen Grotte. Der hintere Raum gliedert sich wiederum in drei bogenartige

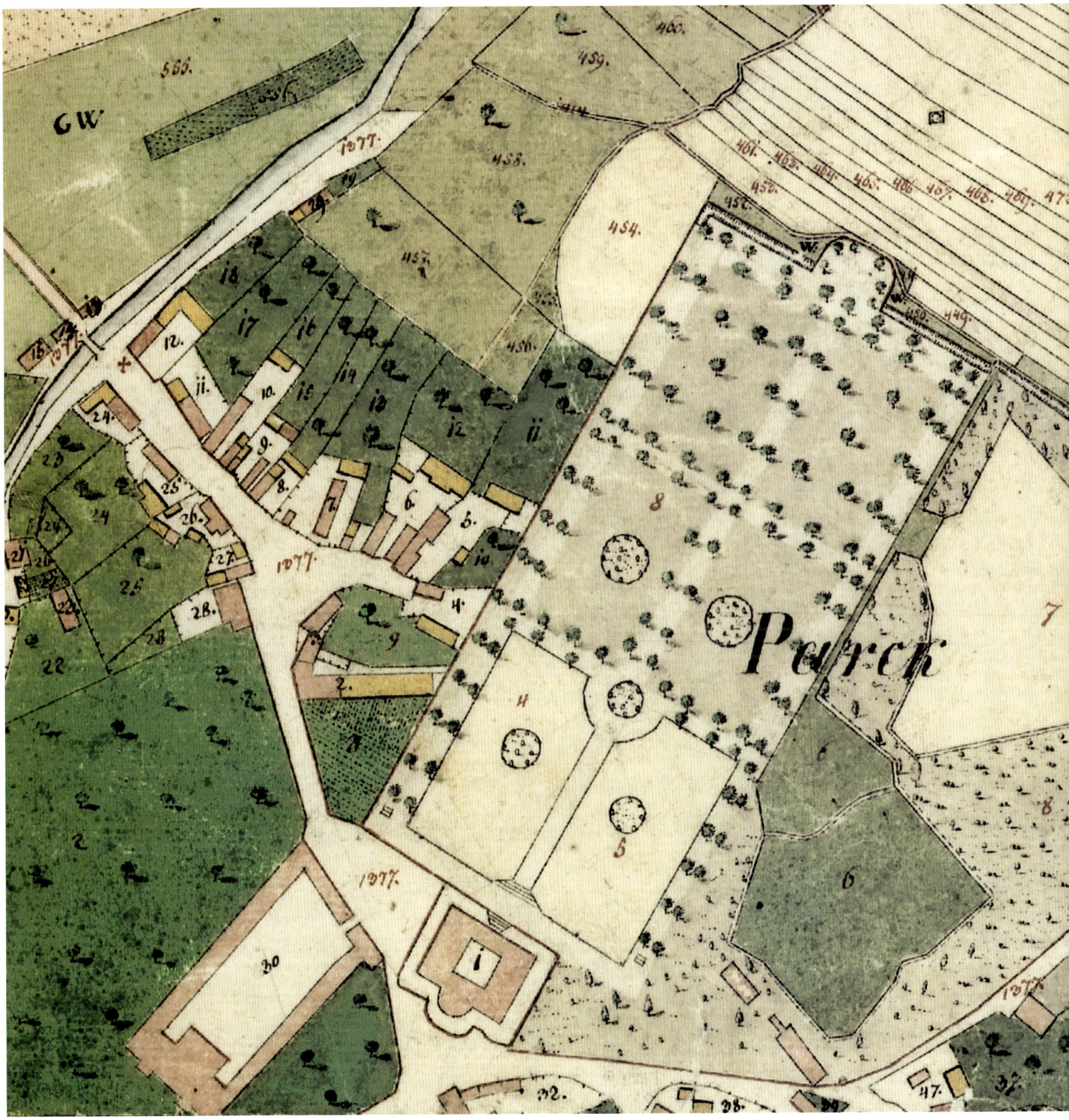

Frohsdorf und die im letzten Jahrhundert revitalisierte Gartenanlage auf dem Francisceischen Kataster.

Freitreppe im Garten von Frohsdorf.

Nischen auf, darüber liegen Verdachungen in Muschelform mit reichem ornamentalem Schmuck. An den Wänden, welche dem Eingang gegenüber liegen, finden sich in die Mauer eingelassene Nischen mit ebenfalls muschelartigem Abschluß. Das Muschelgrottentheater wurde anläßlich eines Besuchs von Kaiserin Eleonore, Frau von Kaiser Leopold I., im Jahre 1666 erbaut; dabei führte man ein eigens für diesen Anlaß und zu ihren Ehren geschriebenes „Trattimento musicale" auf.

Das gesamte Ensemble von Frohsdorf ist eine elegante Einheit, die zumindest in den Außenbereichen trotz der ehemaligen Nutzung als Fernmeldemonteursschule mit Internat noch erhalten ist; einige Gegenstände in abseitigen Bereichen des Gartens weisen darauf hin. Die Kombination des Gartentheaters, in welchem nur im Sommer gespielt wurde, mit der schönen Gartenanlage gibt auch heute noch einen nachhaltigen Eindruck von der Buntheit barocken Gartenlebens.

Schloß Frohsdorf

Anschrift: *Hauptstraße 1, Frohsdorf, 2821 Lanzenkirchen.*

Anfahrt: *A2 Südautobahn, Abfahrt Wiener Neustadt Süd, Richtung Lanzenkirchen bis Frohsdorf.*

Öffnungszeiten: *Schloß und Park gehören der Telekom Austria und sind außer im Rahmen von öffentlichen Veranstaltungen nicht zu besichtigen.*

SCHLOSS GRAFENEGG

DAS HISTORISTISCHE GESAMTKUNSTWERK

Die Bedeutung des Schloßparks von Grafenegg, westlich von Krems am Rande von Haitzendorf gelegen, rührt weniger von seinem künstlerischen Anspruch als vielmehr von seiner baumkundlichen Sammlung her. Er präsentiert sich uns heute als typischer lieblicher Landschaftspark ohne besondere Effekte und bildet gemeinsam mit dem Schloß eine Einheit, ein Gesamtkunstwerk.

Steinernes Wasserbecken als architektonisches Detail im Schloßpark von Grafenegg.

Grafenegg wurde erstmals 1294 erwähnt; den Namen erhielt die Anlage durch Ulrich von Grafenegg im 15. Jahrhundert, einen aus Schwaben stammenden Ritter. Besitzer waren unter anderem die Hardegg, Thurzo und Verdenberg. 1738 gelangte die Herrschaft durch Erbschaft an Gräfin Maria Franziska Breunner. Ihr Sohn, Karl Josef Ignaz Graf von Breunner, war der Schöpfer der Parkanlage in der heutigen Gestalt.

Schloß Grafenegg selbst ist ein typisches Beispiel der englischen Schlössergotik und wurde unter Graf August Ferdinand Breunner (1796–1877) nach Plänen von Leopold Ernst auf der Basis einer Renaissanceanlage um einen rechteckigen Hof errichtet. Auf Reisen nach England hatte Graf August Ferdinand den damals modernen Stil kennengelernt und war vor allem von Strawberry Hill bei Twickenham, Middlesex, sehr beeindruckt. (Eine ähnliche neugotische Anlage ist die Franzensburg in Laxenburg mit ihrem ebenfalls herrlichen Landschaftspark.) Der Graf lernte bei seinen Reisen auch die Gartenkunst Englands kennen, wie sie zu jener Zeit „up to date" war. Damals entwickelten sich die Parks über den landschaftlichen Stil hinaus mehr und mehr zu gehölzkundlichen Sammlungen und Freilichtmuseen. Man ließ den eingeführten Arten mehr Platz, es entstanden botanische Sammlungen. Es ist anzunehmen, daß damals der Grundstein für die Gehölzsammlung von Grafenegg gelegt wurde. Der Grundriß aus dem Jahre 1823 im Franzisceischen Kataster hingegen zeigt, daß der Park damals noch sehr stark gartenbaulich und

Gegenüber: *Schloß Grafenegg, im 19. Jahrhundert im historistischen „Tudorstil" erbaut.*

landwirtschaftlich genutzt war, es gab einen Gemüsegarten, Obstbäume und Äcker.

Der Sohn von August Ferdinand, Graf August Johann, ließ jedenfalls bis zum Ende des 19. Jahrhunderts zahlreiche neue Gehölze, vorwiegend Nadelgehölze, im Park anpflanzen. Das Wegesystem wurde im Laufe der Zeit immer wieder überformt und verändert. Ein Plan von 1857 zeigt die bis heute annähernd gültige Fassung, die Anlage des englischen Gartens in seiner recht einfachen Konzeption. An der westlichen Seite des Schlosses ist der Lustgarten, durch kleine Wege und Wiesen mit Gehölzgruppen strukturiert, gut zu erkennen, ebenso eine Vielzahl an verschiedenen Gehölzen. Im Schloßgraben befand sich kein Wasser, er war mit Gras und Bäumen bepflanzt.

Die heutigen Wege folgen einer Route, die im Jahre 1981 vom damaligen Forstmeister angelegt wurde; sie waren für einen pflanzenkundlichen Lehrpfad gedacht. Im Südwesten des Schlosses lag eine für das Barock typische sternförmige Anlage mit einer Lindenallee, die heute in Teilen noch erhalten ist; sie lief in östlicher Richtung auf ein

Oben: *Der Landschaftspark weist einen prachtvollen Baumbestand auf.*
Gegenüber: *Antikisierende Skulpturen im Schloßpark.*

Die Vorwerke des Schlosses ragen weit in den umgebenden Park hinein.

kleines Wäldchen zu. Auf der anderen Seite, in westlicher Richtung, fand die Allee im Ufergehölz des Mühlenkamp ihre Fortsetzung. Insgesamt sind die barocken Strukturen nur noch schwach wahrnehmbar, die Blickbeziehung zwischen den Resten des Gartentheaters und dem östlichen Tor ist jedoch noch vorhanden. Östlich vom Schloß befindet sich der sogenannte Hasenhügel, dessen Zentrum in der landschaftlichen Konzeption verschiedene Laubbäume bildeten. Darum waren in einem Kreis verschiedene Koniferenarten gepflanzt. Heute ist diese Bepflanzung nur noch fragmentarisch erhalten, und auch der einstige Weg ist nicht mehr erkennbar.

Im Süden des Schlosses, durch einen Fußweg erreichbar, finden wir den Napoleonhügel und daneben den Goldfischteich. Die Spitze des Hügels diente als Aussichtspunkt mit einer schönen Blickachse zum Schloß und zum benachbarten Teich, welcher heute verschwunden und nur noch als Mulde im Boden erkennbar ist. Im Umfeld des Teiches fand sich auch ein Alpengarten. Ein weiteres historisches Artefakt ist der Eiskeller am südlichen Rand des Schloßgrabens, welcher aber nur vom Schloß aus wahrnehmbar ist. Ein landschaftliches Wegenetz führt heute in reduzierter Form durch diese Anlage. Die unterschiedlichen Gehölze liegen abwechslungsreich und gestaffelt an einsichtigen und ausgewählten Stellen. Interessant ist vor allem die Sammlung exotischer Nadelgehölze. Aus dem ostasiatischen Raum finden sich zahlreiche sehenswerte Bäume wie die Japanische Lärche *(Larix kaempferi)*, die

Immer neue Aus- und Durchblicke eröffnen sich im englischen Landschaftspark.

Japanische Sicheltanne *(Cryptomeria japonica)*, die Sawara-Scheinzypresse *(Chamaecyparis pisifera)* sowie das Chinesische Rotholz *(Metasequoia glyptostroboides)*. Vom Balkan stammen die serbische Fichte *(Picea omorika)*, erst 1877 entdeckt, und die Mazedonische oder Rumelische Kiefer *(Pinus peuce)*. Eine Tannenart aus Griechenland ist ebenfalls zu bewundern, nämlich die Griechische Tanne *(Abies Cephalonica)*, benannt nach der Insel Kephallonia. Diese findet man im östlichen Bereich des Grafenegger Parks in einer Gruppe, die im Jahre 1900 als forstliche Versuchspflanzung angelegt wurde. Aus der Neuen Welt finden wir die Coloradotanne *(Abies concolor)* und die Große Küstentanne *(Abies grandis)*, die größte aller Tannenarten, die bis zu neunzig Meter hoch werden kann. Sie wurde von

Schloß Grafenegg in Vischers Topographie, etwa 200 Jahre vor dem Umbau im neugotischen Stil.

Die alten Platanen im Landschaftspark von Grafenegg leuchten in herbstlichen Farben.

David Douglas in den Rocky Mountains entdeckt; er gab der Douglasie ihren Namen, die bei uns als Forstgehölz gepflanzt wird. Weitere Arten aus Amerika sind die Jeffrey-Kiefer, Gelbkiefer, Pechkiefer, Weymouthkiefer und andere. Auch ein Exemplar eines Mammutbaums (*Sequoiadendron giganteum*) ist hier zu finden, ebenso eine Libanonzeder (*Cedrus Libani*) mit ihrer kolossalen schirmförmigen Krone. Das Holz dieser heute beinahe ausgestorbenen Art wurde vor allem in der Antike für den Schiffsbau verwendet; ganze Wälder wurden damals vernichtet. Und auch beim Tempelbau in Jerusalem kam das Holz der Libanonzeder angeblich zum Einsatz.

In Grafenegg ist man bemüht, den noch erhaltenen Bestand an Gehölzen zu erhalten und gegebenenfalls zu ergänzen, um den Artenreichtum des Parks zu erhalten.

Schloß Grafenegg

Anschrift: *Schloß Grafenegg, 3485 Haitzendorf.*
Tel.: 02735/2205-22.
E-Mail: kultur@grafenegg.com
Internet: www.grafenegg.at

Anfahrt: *A22 Donauuferautobahn, B3 bis Grafenwörth, nach Norden abbiegen.*

Öffnungszeiten: *Der Schloßpark Grafenegg ist ganzjährig zu besichtigen. Das Schloß ist von Mai bis Oktober täglich außer Montag von 10 bis 17 Uhr geöffnet. Es gibt ein Hotel und Restaurant, Konzerte und Ausstellungen.*

SCHLOSS GREILLENSTEIN

WASSER UND ZWERGE

Die wellige, vielschichtige Landschaft des Waldviertels bildet den Rahmen für die barocke Gartenanlage von Schloß Greillenstein, in der Nähe der Bezirkshauptstadt Horn gelegen, das sicherlich zu den schönsten Anlagen dieser Gegend zählt.

Die Herrschaft Greillenstein ist seit dem Jahre 1534 im Besitz der Grafen von Kuefstein, die wir auch in Pottenbrunn antreffen. Ende des 16. Jahrhunderts wurde der Vorgängerbau zu einem repräsentativen Renaissanceschloß umgebaut. Die barocke Hauptfassade stammt aus dem Jahr 1700.

Auf Ansichten (Stichen, Gemälden) aus dem 17. Jahrhundert ist der Garten bereits zu sehen, seinen Höhepunkt aber hatte er Anfang des 18. Jahrhunderts, einer Blütezeit der Gartenanlagen in Niederösterreich. Im Greillensteiner Urbarium 1706 ist neben einem Lust- und „Kuchlgarten" auch ein Tiergarten erwähnt. An der Südseite des Schlosses wurde damals jener Garten angelegt, in welchem Putten, Sphingen und Obelisken aufgestellt waren. Die Bauherren dieser Phase waren Graf Johann Leopold Kuefstein sowie dessen Gemahlin Maria Franziska, geborene Gräfin Kollonitsch. Auch der Florianibrunnen vor dem Schloß kann in diese Zeit datiert werden. Hauptattraktion des Gartens war eine barocke Wasserspielanlage: In einem künstlichen Teich wurde das Wasser gesammelt und aus dem Mund eines Drachen ausgespieen; dann lief es über Steinkaskaden und eine mehrere Meter hohe Schlucht in die Taffa.

Skulptur im Schloßpark von Greillenstein.

Neben dem Drachen stand die Figur des heiligen Georg, des Drachentöters. Die Drachenhöhle mit Wasserkaskade als symbolhafte Darstellung der wilden Natur im Gegensatz zur geordneten Welt war ein immer wiederkehrendes Motiv der barocken Gartenkultur.

In diesem Teil der Parkanlage trifft man auf eine Besonderheit dieses Gartens, nämlich auf die grotesken Zwergenfiguren, ein beliebtes spielerisches Element barocker Gärten (beispielsweise auch in Neuwaldegg). Leider sind heute nur noch neun der ehemals zwanzig Figuren

Gegenüber: *Hauptfront von Greillenstein im Waldviertel; die barocke Fassade stammt aus dem Jahr 1700.*

Links und rechts: *Barocke Putti, ein häufiges Ausstattungselement alter Gärten.*

erhalten: Sie werden dem Besucher im Museum des Schlosses gezeigt und nicht mehr auf dem originalen Platz. Diese Zwerge, grotesk und verkniffen blickende dickliche Figuren, stellen einfache Menschen in karikierter Form dar: neben einem einen Fisch verzehrenden Bauern eine Dame mit Muff, einen Geflügelhändler, Bauern etc.

Der Blick auf die Wasserspiele war von einem halbrunden Staffagebau gegenüber aus möglich. Unter Graf Johann Ferdinand von Kuefstein gegen Ende des 18. Jahrhunderts wurde die baufällige Tiergartenmauer ausgebessert und ein Glashaus errichtet, in dem man Orangenbäume zog. Zu dieser Zeit pflanzte man auch die Lindenallee im Lustgarten und die Kastanienallee, die eine Verbindung zwischen der Wasserkaskade und dem Schloß herstellt.

Auf einem Gemälde aus dem Jahre 1885 sind vor der Südfassade des Schlosses Pyramidenpappeln zu erkennen. Im Jahre 1900 kam es zu einer Trennung zwischen Schloß und Lustgarten, zwischen denen nun ein öffentlicher Weg verlief. Damals wurden Douglasien, Eichen und andere Baumarten gepflanzt.

Trotz dieser Veränderung und den Spuren der Zeit hat sich der Park von Schloß Greillenstein bis in unsere Tage seine Eigenart und Atmosphäre bewahrt.

Ausschnitt mit Schloß Greillenstein aus dem Franzisceischen Kataster.

Steinskulptur des hl. Georg, des Drachentöters, über dem künstlichen Teich im Park.

Drachen, ein Detail der Greillensteiner Wasserspiele.

Schloß Greillenstein

Anschrift: *3592 Greillenstein.*
Tel.: 02989/8080-21, Fax: 02989/8216-13.
E-Mail: schlossgreillenstein@aon.at
Internet: www.volkskulturnoe.at/museen/0119.htm

Anfahrt: *A22 Donauuferautobahn, B4 bis Horn, B38 Richtung Zwettl und der Beschilderung folgen.*

Öffnungszeiten:
1. April bis 31. Oktober 9.30 bis 17 Uhr,
Juli, August bis 18 Uhr,
Gruppen nach Voranmeldung auch im Winter.

SCHLOSS GUNTERSDORF

SCHLOSS MIT HOCHZEITSPAVILLON

Guntersdorf, eines der wenigen Renaissanceschlösser des Weinviertels, blickt auf eine große Vergangenheit zurück. Es liegt im politischen Bezirk Hollabrunn, mitten in einer teils sanfthügeligen, teils agrarisch genutzten Gegend mit kleinen Wäldern. Zahlreiche berühmte Geschlechter besaßen das erstmals 1147 als Veste urkundlich erwähnte Guntersdorf im Laufe der Jahrhunderte, so die Wallseer, die Roggendorf und die Teuffel. Der heutige Bau entstand im Jahre 1574 unter den Roggendorf; aus dieser Zeit stammt auch das gotische Netzrippengewölbe mit Wappenschlußsteinen in der Einfahrt. Unter den aus Winzendorf bei Wiener Neustadt stammenden Freiherren von Teuffel, großen niederösterreichischen Grundherren, war Guntersdorf Zentrum des Protestantismus in Niederösterreich. Im Jahre 1703 ging es von den Grafen von Serenyi durch Kauf an die Freiherren von Ludwigstorff über, die noch heute die Besitzer sind. Der Garten von Guntersdorf, im Kern aus dem 17. Jahrhundert stammend, ist eine kleine Anlage, in welcher die einstigen historischen Formen zum Teil schon überformt, aber noch abzulesen sind. Er ist zweigeteilt: Der untere Bereich, der Hofgarten, ist mit der oberen Anlage, dem Landschaftspark, durch zwei Freitreppen verbunden. Diese befinden sich links und rechts vom zweigeschossigen Gartenpavillon, der in seinen Dimensionen über die üblichen Maße von Gartengebäuden hinausgeht; er wurde 1645 anläßlich der Hochzeit des Ulrich von Teuffel mit Polyxenia von Eitzing errichtet. Eine Achse führt von diesem Pavillon weg durch den Garten bis zu einem ehemaligen Einfahrtstor. Von der ursprünglichen Bepflanzung ist hier nichts mehr übriggeblieben. Zwei Blutbuchen links und rechts des Weges sind die markantesten Bäume im unteren Garten. Im Zwischenraum zwischen den Freitreppen stand bis zum Zweiten Weltkrieg ein Glashaus, das zur Anzucht von Jungblumen und zum Einstellen der empfindlichen Gewächse diente.

Blütenpracht im sommerlichen Garten von Guntersdorf.

Gegenüber: *Der Hof von Schloß Guntersdorf ist durch einen von wildem Wein überwachsenen Arkadengang geprägt.*

Eine Aufnahme von 1898 zeigt die von Löwen flankierte Steinbrücke, die vielleicht auf Fischer von Erlach zurückgeht.

Der obere Bereich des Gartens, etwa vier Hektar groß, ist im landschaftlichen Stil gestaltet und durch einen ovalen, immer wieder durch geschlängelte Wege verbundenen Rundweg erschlossen. Auf dem Franzisceischen Kataster ist der obere Garten in zehn formale Rechtecke mit dazwischenliegenden Wegen unterteilt. Die landschaftliche Gestaltung scheint also offenbar erst nach 1820 erfolgt zu sein. Von den einstigen inszenierten Baum- und Buschgruppen ist nicht mehr allzuviel übriggeblieben. Im Garten blühen in jedem Frühjahr Tulpen, ein Rest der historischen Vorgängeranlage. Entlang der Mauer auf der Seite der Kellergasse findet sich ein schmiedeeisernes Kreuz über einer mit Steinen eingekreisten Fläche, früher mit Blumen geschmückt, das angebliche Grab eines französischen Offiziers, der bei den Kämpfen im Jahre 1809 in Guntersdorf gefallen ist.

Geht man vom Kreuz kommend in Richtung Freitreppe weiter, so stößt man auf ein kleines Rondeau aus Steinen, vermutlich ebenfalls ein Element des Landschaftsgartens. Dort findet sich ein kleines, zugemauertes Einlaßtürchen in der Ziegelmauer, die einst den Park umgab. Im nördlichen Bereich, wo sich eine historische Einfahrt befand, mußte die Mauer schon vor Jahren aufgrund von Bauschäden durch einen Zaun ersetzt werden, durch welchen man nun auf die sanften Linien der agrarisch geprägten Landschaft blickt. An der südlichen Gartenmauer, welche den Abschluß des

Der Franzisceische Kataster zeigt den Zustand noch vor der landschaftlichen Gestaltung.

Oben: *Spätgotische Torhalle von Guntersdorf.*

Unten: *Gartenpavillon, 1645 anläßlich der Hochzeit des Ulrich von Teuffel mit Polyxenia von Eytzing errichtet.*

Die spätgotische Toreinfahrt im Jahre 1898. Auf dieser Aufnahme sind auch die Wappenschlußsteine an der Decke des Gewölbes zu sehen.

Hofgartens bildet und wo es bis zum Zweiten Weltkrieg ebenfalls eine Einfahrt gab, sind an der wellenartig geschwungenen Mauer Aufsätze mit Steinfiguren und Vasen plaziert. Dieser Teil von Guntersdorf stammt ebenso wie die mit Löwen flankierte Brücke aus dem Barock. Nordwestlich des Schlosses, hinter dem Meierhof, wo heute bäuerliche Wirtschaftsgebäude stehen, verlief im 19. Jahrhundert eine Allee, vermutlich Pappeln. Der Wassergraben des Schlosses ist im Sommer völlig von Wasserlinsen bedeckt, die einen grünen Teppich bilden.

Guntersdorf ist nicht zu besichtigen, doch besteht die Idee, in bestimmten Teilen Veranstaltungen durchzuführen und auf diese Weise einen Beitrag zur Erhaltung dieses wertvollen Kulturguts aufzubringen.

Schloß Guntersdorf

Anschrift: *2042 Guntersdorf.*

Anfahrt: *A22 Donauuferautobahn, E59 bis Guntersdorf.*

Öffnungszeiten: *Das Schloß befindet sich in Privatbesitz und ist der Öffentlichkeit nicht zugänglich.*

SCHLOSS HAGENBERG

EIN VERSCHWUNDENER SEE

Hagenberg, in der Mitte des Weinviertels unweit Mistelbach gelegen, ist eines der interessantesten Objekte dieser Region, mit einer Gartengeschichte, die hervorragend dazu geeignet ist, die kulturelle Vielschichtigkeit historischer Garten- und Parkanlagen ins Bewußtsein zu rücken. Das Schloß hat sich auch als Herberge der Wiener Künstlerszene der fünfziger Jahre (zum Beispiel Konrad Bayer) einen Namen gemacht; diese Tradition wird vom heutigen Eigentümer, Horst von Wächter, im Rahmen der „Initiative Haggenberg" weitergeführt, die sich auch für die Erhaltung des Weinviertels als europäischer Kulturlandschaft einsetzt. Dadurch ist Hagenberg ein guter Nährboden für die Revitalisierung historischer Landschaften, wie sie ein barocker Garten ja ebenfalls ist.

Wappen der Grafen von Sinzendorf, ehemals Eigentümer von Schloß und Garten in Hagenberg.

Nach dem Aussterben des Geschlechts der Hagenberger um 1390 waren die Stuchs von Trauttmansdorf Besitzer von Hagenberg; um 1496 wurde das Schloß nach der Zerstörung durch die Ungarn durch die Nürnberger Brüder Georg und Martin Behaimb wieder aufgebaut. Über die Kienritz gelangte Hagenberg schließlich im Jahre 1650 an die Grafen von Sinzendorf, die Schöpfer des barocken Hagenberg mit der Gartenanlage. Die Sinzendorf wurden damals zu den größten Grundbesitzern Niederösterreichs und zu Bauherren der bedeutendsten Schlösser und Parkanlagen vor allem im Weinviertel. Von ihrer Baufreudigkeit und Gartenbegeisterung zeugen auch die Anlagen von Ernstbrunn und Glaswein.

Am südlichen Rand des gleichnamigen Ortes gelegen, ist das 1264 erstmals als Burg erwähnte Schloß durch eine Lindenallee zu erreichen. Das barocke, von einem Wassergraben umgebene Gebäude erhebt sich über einem quadratischen Grundriß und umschließt einen Innenhof. An der Nordseite führt eine

Gegenüber: *Schloß Hagenberg, einst im Besitz der Grafen von Sinzendorf, später ein Treffpunkt von Wiener Künstlern, ist ein verträumtes Kleinod unter den Schlössern des Weinviertels.*

Blick vom Innenhof in den verwunschen wirkenden Garten.

gemauerte Brücke über den Graben, die Brücke auf der südlichen Seite ist nicht mehr erhalten. An der Eingangsfront findet sich ein von Putten (barocken Zwergenfiguren) geschmücktes Wappen der Grafen von Sinzendorf. Im Inneren des Schlosses, nordöstlich des großen Haupteingangs, führt eine balustradengeschmückte Treppe mit Rundbogennischen in das Obergeschoß. Herrliche Stuckdecken vom Ende des 17. Jahrhunderts, offene Kamine und ein Dianafresko, dieses immer wiederkehrende Motiv ländlicher Schlösser, zieren die Räume. Der imposante Festsaal reicht über zwei Stockwerke und war einst prunkvoll ausgestattet.

Im Park von Hagenberg war Wasser das dominierende Element. Zunächst gab es neben dem Wassergraben, wie im Josefinischen Kataster aus dem Jahre 1780 zu erkennen ist, einen künstlich geschaffenen See; heute wogen dort Mais- und Getreidefelder. Dieser See, zur Zeit seiner größten Ausdehnung bis zu fünfzig Hektar groß, war durch einen Kanal mit dem Wassergraben verbunden. Er war Vorbild für die Schaffung der Teichanlagen im berühmten Liechtensteinischen Park von Eisgrub (Lednice) in Südmähren. Aus Venedig herbeigeholte Gondolieri ruderten fröhliche Gesellschaften des „galanten" Zeitalters über den Teich. Die Familien dieser Gondolieri sind von 1688 bis 1725

Oben: *Eine Rarität: die Muschelgrotte mit alten Deckenmalereien.* **Unten:** *Skulpturen im Durchgang zum Garten.*

in Hagenberg nachweisbar, überliefert sind folgende Namen: Francesco Olivi, Daniel Poncira und Joseph Centon. Angeblich hat Centon fünfzig Jahre im Dienste der Grafen von Sinzendorf auf dem See gerudert. Neben den Ruderern kamen auch Künstler und Handwerker aus Italien nach Hagenberg, um am Bau des Schlosses mitzuwirken. Der Beginn der Seerundfahrten war stets an der Rückseite des Schlosses, in der Mitte des Sees befand sich ein gläserner Lustpavillon. Kaiser Leopold I. besuchte Hagenberg mit seinem Sohn, dem späteren Kaiser Joseph I., und ließ sich zu diesem Lustgebäude rudern. Er war offenbar ein Gartenfreund, sind doch auch einige andere Besuche von Gärten

Reste des wassergefüllten Schloßgrabens, der einst mit einem See verbunden war.

Wie der Franzisceische Kataster zeigt, waren um 1820 nur noch Reste des ehemals riesigen Gartens vorhanden.

erwähnt, etwa in Stetteldorf am Wagram. Vom Wassergraben weg führte eine Wasserstraße zu einer Grotte, in deren Gewölbe es aus echtem Muschelwerk und Tropfstein gebildete Rahmungen sowie Medaillons mit Fresken mythologischen Inhalts gab. In den schmalseitigen Nischen finden sich Reste von plastischen Steinfigurengruppen und an den Wänden antikisierende Architekturmalereien. Ähnliche Grotten finden sich in Hellbrunn, Frain, Frohsdorf und Schönbrunn. Eine eigene Quelle speiste einen Brunnen im Hof des Schlosses.

In Hagenberg kam also im Barock unter den Sinzendorf eine Landschaftskultur zum Tragen, die gerade in einer trockenen Region das Wasser in den Mittelpunkt der Gartenkunst stellte. Über den ehemaligen Barockgarten berichtet das Sinzendorfsche Haupturbarium aus dem Jahre 1715: „Nicht weniger ist solches Schloss nochmahlen außen deß Waßergraben mit einem eingemachten schoenen Zier- und Obstgarten so von lauter Zergln und Blumen – wo auch außgehauene Stainerne Statuen nach garthenmeßiger Arth außgezieret völlig eingeschloßen." Weiter heißt es: „Unweit des Schlosz aber stehet ein Welsche Paumb und Kraitl Einsez, worinnen sowohl die welschen Baumber als Kuchelstehen können über winter aufbehalten wertden. Item lieget von Obiger einsez hinauß ein großer

Blick auf die Felder, in deren Bereich einst der Hagenberger See lag.

Kuchel und Obstgarten, welcher mit hochen Feichtpaumben außgesetzt, auch umb und umb mit einem Spaltenzaun Umbfangen ist."

Die Zukunft der Gartenanlage von Hagenberg, die heute nicht mehr zum Schloß gehört, hat bereits begonnen: Schloß und Umfeld werden behutsam restauriert. Eine Besonderheit, die für die Naturnähe des heutigen Eigentümers spricht, ist eine Pflanzenkläranlage.

Der Schloßgraben ist aufgrund der Errichtung des Abwasserkanals und der damit verbundenen neu verlegten Quellwasserleitung seit langer Zeit wieder mit Wasser gefüllt. Dies ermöglicht einen wichtigen Schritt zur Revitalisierung der barocken Gartenanlage, nämlich die Aktivierung der Wasserspiele in der Sala terrena des Schlosses. Anliegen des Naturschutzes werden bei der Erhaltung der historischen Bausubstanz berücksichtigt, und auch auf die heimlichen Mitbewohner, die Fledermäuse, wurde bei der Restaurierung des Dachgebälks Rücksicht genommen: Das Dach wurde um die Kolonie herum renoviert, der Bereich der Fledermäuse blieb unberührt.

Schloß Hagenberg

Anschrift: *2133 Hagenberg.*
Tel.: 02524/8506.

Anfahrt: *A22 bis Korneuburg, B6 bis Ernstbrunn, Richtung Laa an der Thaya bis Hagenberg.*

Öffnungszeiten: *Das Schloß befindet sich in Privatbesitz und ist nur auf Anfrage zu besichtigen.*

HOLLENBURG / BERTHOLDSTEIN

ERINNERUNG AN EINEN BESCHAULICHEN GARTEN

Die Anlage von Hollenburg liegt in beherrschender Lage unweit Krems über dem südlichen Ufer der Donau. 1248 wurde die Burg, deren Reste heute den Landschaftsgarten prägen, am höchsten Punkt des ansteigenden Geländes durch Bischof Johann von Freising erbaut, ab 1408 hieß sie nach dem aus Schwaben stammenden Bischof und Kanzler Berthold von Wähingen Bertholdstein. Um das Jahr 1487 von den Ungarn des Königs Matthias Corvinus erobert, brannte sie um 1698 ab; die Ruine, von der neben dem Palas (Wohngebäude der Burg) nur noch der Stumpf des Nordturms erhalten geblieben ist, befindet sich seit 1811 im Besitz der Freiherren von Geymüller.

Bildstock im Garten von Bertholdstein.

Im Süden der Ruine, dort wo sich heute der Parkplatz des Schloßheurigen befindet, lag einem historischen Plan von 1850 zufolge eine Formalgartenanlage. Ein schlichtes Gebäude im Südwesten des Areals, noch heute als „Gärtnerei" betitelt, weist darauf hin. Von diesem Gebäude ausgehend erstreckte sich in westlicher Richtung die Anlage des 19. Jahrhunderts. Auf dem Franzisceischen Kataster sind diese Gestaltungselemente noch nicht zu erkennen, die Anlage dürfte also um die Mitte des 19. Jahrhunderts entstanden sein. Der Bereich um die Ruine war im Gegensatz zur Anlage am Fuß des Hügels ein Park im landschaftlichen Stil, mit geschwungener Wegführung und Aussichtsplätzchen mit Tischen und Bänken. Die Ruine, obwohl ein authentisches historisches Bauwerk, diente hier quasi als Staffagebau in einer malerischen Szenerie, ebenso wie barocke Gartenarchitekten zur Verschönerung ihrer Anlagen oft künstliche Ruinen schufen (siehe die Römische Ruine im Park von Schloß Schönbrunn). Im Süden des Ruinenhügels findet sich noch heute ein chinesischer Pavillon. Für den heutigen Besucher ist diese Landschaftsverschönerung des 19. Jahrhunderts nur noch schwer nachvollziehbar, dennoch bewahrt die Ruine dem Hügel einen Eindruck von der ehemals romantischen und pittoresken Atmosphäre.

Gegenüber: *Die Burgruine Bertholdstein liegt inmitten einer verwilderten Gartenanlage des 19. Jahrhunderts.*

Südlich des Burgberges liegt das sogenannte neue Schloß, in dessen Räumen kulturelle Veranstaltungen, etwa Ausstellungen zeitgenössischer Künstler, stattfinden. Um die Landschaft rund um die Burg wieder erlebbar zu machen, sollte der Blick zur Donau wieder freigemacht werden.

Vielleicht bilden die kulturellen Aktivitäten im neuen Schloß einen Ansatzpunkt für die weitere Entwicklung und Revitalisierung des Burgberges mit seinem einst beschaulichen Landschaftsgarten. Eine Wiederbelebung der Landschaftsverschönerung im Umfeld der Ruine von Bertholdstein wäre eine angemessene Ergänzung der derzeitigen Aktivitäten.

Burgruine Bertholdstein

Anschrift: *3506 Hollenburg 57.*
Tel. (Kunst- und Kulturverein Schloß Hollenburg): 02739/2242, Fax: 02739/2514.
E-Mail: dr.geymueller@magnet.at

Anfahrt: *A1 bis St. Pölten, S 33 über Herzogenburg nach Hollenburg.*

Öffnungszeiten: *Der Garten befindet sich oberhalb des Schloßheurigen und ist derzeit aufgrund von Sicherungsarbeiten nicht zu besichtigen.*

Die bizarren Formen der Ruine fügen sich malerisch in die umgebende Landschaft ein.

SCHLOSS KLEINWETZDORF

GENERÄLE AM HELDENBERG

Der Landschaftspark von Kleinwetzdorf liegt an der Straße nach Horn, südlich von Ziersdorf im westlichen Weinviertel. Schloß und Park sowie die Anlage des Heldenberges blicken auf eine kuriose Geschichte zurück und sind wohl ein Unikat der Gartenkunst in Österreich. Das Schloß selbst wurde Anfang des 17. Jahrhunderts errichtet und zwischen 1726 und 1728 verändert. Die Anlage von Landschaftspark, englischem Garten und Heldenberg, geschaffen um 1830, hingegen geht auf Josef Pargfrieder zurück, einen angeblichen unehelichen Sohn Kaiser Josefs II., der als Lieferant von Schuhwerk für die österreichische Armee zu einem vermögenden Mann geworden war und den Heerführer Wenzel Graf Radetzky schwärmerisch verehrte. Er bezahlte dessen Schulden und verlangte als Gegenleistung nur, Radetzky auf seinem Grundstück begraben zu dürfen.

Bronzebüste von Kaiser Karl V. auf dem Heldenberg.

In der Ebene, also unterhalb des eigentlichen Heldenberges, im südlichen Umfeld des Schlosses, liegt ein Garten im englischen Stil, zwischen 1830 und 1850 entstanden. Er ist durch ein Tor zu erreichen, das durch verschiedene Figuren, Höllenhunde und Löwen auf Steinsockeln, flankiert ist. Die historische Bepflanzung ist nahezu völlig verschwunden. Des weiteren fand sich eine Herkulesstatue mit Fontäne, in einem runden Wasserbecken plaziert.

Nachdem zunächst dieser Landschaftsgarten geschaffen worden war, ließ Pargfrieder, ein großer Verehrer der k.u.k. Armee, gußeiserne Figuren von Persönlichkeiten der österreichischen Militärgeschichte und Soldaten anfertigen und im oberen Bereich der Anlage, dem sogenannten Heldenberg, aufstellen. Neben den Feldherren Daun, Prinz Eugen von Savoyen, Erzherzog Karl und Feldmarschall Laudon wurde vor allem Helden der k.u.k. Armee aus den Feldzügen in Italien ein Denkmal gesetzt. Den Höhepunkt der Anlage im oberen Teil bildet das Ensemble mit den bereits genannten Figuren aus Gußeisen. Ein Standbild von Klio, Muse der Geschichtsschreibung, wird von

Gegenüber: *Siegessäule, im Hintergrund Obelisk über dem Grabmal von Feldmarschall Radetzky.*

Löwentor in den ehemaligen englischen Garten im unteren Bereich der Anlage.

Statue des jungen Kaisers Franz Joseph auf dem „österreichischen Walhall".

Eingang zur Gruft, in der Radetzky, Wimpffen und Josef Pargfrieder bestattet sind.

zwei Siegessäulen begleitet, welche zwei Helden der Schlachten in Ungarn und Italien symbolisieren. Ein griechischer Tempel diente als Unterkunft für die Invalidenwache, gegenüber bezeichnet ein Obelisk die Grabstätte der Heerführer Feldmarschall Radetzky und Wimpffen. Auch Pargfrieder selbst wurde dort bestattet. Der Heldenberg war mit dem unteren Park und dem Schloß durch eine Fichtenallee verbunden. Die Allee entlang standen Grenadiere aus Gußeisen aufgestellt, quasi als Bewacher der Monumente.

Eine Besonderheit ist der gänzlich von einer Mauer umfangene sogenannte englische Garten, den man

Grenadiere im Schloßpark von Kleinwetzdorf, eine Art Wahrzeichen des Ensembles.

erreicht, wenn man die Einfahrtsstraße zum Heldenberg in nördlicher Richtung überquert. Auf engem Raum sind hier mehrere Elemente konzentriert: der Rest des einstigen Parnaß (Aussichtsberg), auf dem einst Säulenpappeln standen, die Adlerruhe, ein von einem gußeisernen Adler gekrönter Felshügel, sowie die nur noch in Resten vorhandene Grottenfontäne, ein Tuffsteinbogen mit vorgelagertem Wasserbecken. Die Grenadiere, von welchen zwei bereits im Heeresgeschichtlichen Museum in Wien Aufstellung gefunden haben, befinden sich nun ebenfalls in diesem umfriedeten Bereich.

Der weitläufige Landschaftspark schließt sich, von der Bahnlinie getrennt, an diese Anlage an. Ähnlich wie in Mühlbach am Manhartsberg war auch hier der Park bewußt mit der Landschaft vernetzt, durch ihn wurde die Allee zum Heldenberg gelegt. Immer wieder wechselten landschaftliche Partien mit intensiver gestalteten Bereichen ab, zahlreiche Staffagebauten wie der Weingarten-Salon, der Waldl-Salon und mehrere Brunnenstuben, etwa der Johannesbrunnen, ergänzten diese Partien. Auch eine Trinkquelle gab es im Park. Für den Landschaftsstil typische gewundene Spazierwege erschließen dieses österreichische Walhalla. Parallel zum Weg zwischen Schloß und Heldenberg finden sich Sockel für Figuren und gußeiserne Statuen. Dieser Bereich wird auch als „Künstlerhain" bezeichnet.

In der Anlage findet sich noch zum Teil der originale Baumbestand des 19. Jahrhunderts, und auch der Rest eines Gewächshauses ist nach wie vor vorhanden. Die Struktur der Parkanlage ist allerdings nur noch schwer erkennbar, und das gesamte Areal wächst zunehmend zu. In Schloß und Park von Kleinwetzdorf wird die niederösterreichische Landesausstellung 2005 stattfinden. So besteht die Hoffnung, daß die charakteristischen Elemente des Parks revitalisiert werden. Derzeit steht der Park sinnbildlich für die Rückeroberung durch menschliche Eingriffe gestalteter Landschaft durch die ihren Urzustand suchende Natur.

Büste Rudolfs I. von Habsburg auf dem Heldenberg.

Schloß Kleinwetzdorf

Anschrift: *3704 Kleinwetzdorf, Schloßallee 1.*
Tel: 02956/2553, Fax: 02956/2553-14.
E-Mail: gde.heldenberg@netway.at

Anfahrt: *B4 (Horner Straße) bis Kleinwetzdorf-Heldenberg.*

Öffnungszeiten: *Der Bereich um den Heldenberg ist ganzjährig zugänglich, der Bereich um das Schloß befindet sich in Privatbesitz und kann nicht besichtigt werden. Im Schloß finden wechselnde Ausstellungen statt: Samstag, Sonntag, Feiertag 10 bis 17 Uhr, Wochentage nach Voranmeldung.*

SCHLOSS MÜHLBACH

DER LAND(WIRT)SCHAFTSPARK

Schloß und Park von Mühlbach liegen malerisch in einer sanften Hügellandschaft am Übergang vom Wein- zum Waldviertel, am Fuße des Manhartsberges, nördlich von Krems. Gemeinsam mit der Kirche und dem Pfarrhaus bildet das Schloß den Kern des Ortes; südlich davon erstreckt sich die Garten- bzw. Parkanlage, die durch die Gemeindestraße vom Schloßkomplex getrennt ist. Das von einem Wehrgraben umgebene Schloß, ein zweigeschossiges, unregelmäßiges Sechseck mit Hof, besitzt einen Torturm mit Steinportal und Zugbrückenanlage und zwei seitliche Türme. Eigentümer waren die Wallseer, Hofkirchen und Engl zu Wagrain; seit 1840 ist die Anlage im Besitz der Grafen von Gudenus. Wenn man die Straße vor dem Schloß in südlicher Richtung überquert, gelangt man in den barocken, auf eine nur mehr in Fragmenten erhaltene und an den Wirtschaftshof angelehnte Orangerie ausgerichteten Garten. Nach Schmidt scheint die Anlage des Gartens zugleich mit der barocken Erweiterung des Schlosses vor sich gegangen sein. Das Wegesystem und die Gliederung der Formalanlagen sind heute noch erkennbar. Aufschluß über den damaligen Zustand gibt ein Bestandsplan aus dem Jahre 1801, in welchem Schloß und Garten dargestellt sind. Auch bereits verschwundene Gebäudeteile kann man auf dem historischen Plan noch erkennen. Brunnenschalen aus Stein sind erhalten, eine durchbrochene Ziegelmauer dient als Begrenzung des Gartens.

Türriegel im Schloßpark von Mühlbach am Manhartsberg.

Durch zwei Tore in dieser Ziegelmauer gelangt man über Brücken über den Gschleinzbach in südwestlicher Richtung in den englischen Garten, der in die umliegende Agrarlandschaft übergeht. Das Gelände des Parks erstreckt sich über einen durch die Täler des Gschleinzbaches und des Schlackenbaches gebildeten Talgrund. Der Vogelberg wurde durch eine künstliche Schlucht von der Talschulter abgetrennt und in das Konzept des englischen Parks integriert. Südlich des Vogelberges wurde ein Teich mit zwei Inseln geschaffen.

Gegenüber: *Gartentor im Park von Mühlbach, dahinter ein historisches kleines Bauernhaus für Kinder.*

In der landschaftlichen Gestaltung mit geschlängelten Wegen und der typischen Bepflanzung mit Baum- und Buschgruppen finden sich noch barocke Elemente wie eine Baumreihe und eine scharfe Abgrenzung durch Randwege.

Die Schlucht des Gschleinzbaches ist eine der pittoreskesten Szenerien des Parks: Mündlicher Überlieferung zufolge wurde sie künstlich geschaffen, um den englischen Park von den landwirtschaftlichen Flächen im Osten abzugrenzen. Das Aushubmaterial wurde zum Bau der Dämme verwendet. An einer Stelle ist der Bach zu einem kleinen Teich aufgestaut, um den ein Weg führt, doch es finden sich auch andere romantische Elemente, etwa eine kleine künstliche Grotte, vielleicht als Einsiedelei vorgesehen, und ein

Gartenmauer in Mühlbach.

Eingang in den Landschaftspark, südlich vom Eingang in das Schloß.

Der verwilderte Park in Mühlbach besitzt seinen eigenen, ganz besonderen Reiz.

kleiner sprudelnder Wasserfall, der einst von einer geschwungenen Brücke überspannt war. Auf einer Anhöhe über der Schlucht befand sich ein Aussichtspunkt, ein *Point de vue*, wo ein kleiner Pavillon (eigentlich ein Tempel) plaziert war, der heute nicht mehr existiert. Von diesem Platz aus bot sich ein schöner Ausblick auf die Barockanlage und auf Schloß, Dorf und Kirche. Auf einem etwas naiven Aquarell aus dem Besitz der Familie Gudenus sind auch Schafherden zu sehen, um die Idealvorstellung einer arkadischen Landschaft zu vervollständigen. Die Schlucht öffnet sich in ein kleines Wiesental, an dessen Ende sich ein sogenannter *clump* findet, eine „landschaftlich" plazierte Gehölzgruppe. Eine Besonderheit des Parks von Mühlbach ist der entlang der Talschulter des Gschleinzbaches verlaufende romantische „Dirndlweg", aus Kornelkirschen-Sträuchern, im Volksmund als Dirndln bezeichnet, bestehend.

Im Archiv des Schlosses werden verschiedene Unterlagen und historische Ansichten aufbewahrt. Auf alten Zeichnungen ist diverses historisches Mobiliar zu sehen, wie Holzbrücken in unterschiedlichen Varianten, ein Vogelhaus, eine „Huschen" etc. Um den englischen Park zu erhalten beziehungsweise die historischen Strukturen wieder erlebbar zu machen, bedarf es zunächst einiger Maßnahmen, welche die alte Strukturierung sichtbar machen. Heute werden Teile des Parks, vor allem der ehemalige barocke Garten, als Reitplatz genutzt, und der Landschaftspark wird gern von Spaziergängern aufgesucht. Man ist bestrebt, den Park sanft zu revitalisieren und dem Publikum näher zu bringen. Gartenanlagen wie jene von Mühlbach sind lebende Beispiele für die Entwicklung des Naturverständnisses und die Interpretation der Natur, gewissermaßen ein Spiegelbild des historischen Ökologiebewußtseins. Der Landschaftspark von Schloß Mühlbach mit seiner Vernetzung mit der landwirtschaftlichen Umgebung ist hervorragend dazu geeignet, diesen Hintergrund ins Bewußtsein zu rücken.

Oben: *Sonnenuhr am Turm von Schloß Mühlbach.*
Gegenüber: *Solitärbaum im Landschaftspark.*

Schloß Mühlbach

Anschrift: *3474 Mühlbach am Manhartsberg.*

Anfahrt: *B4 (Horner Straße) bis Ziersdorf, dann weiter über Großmeiseldorf und Hohenwarth bis Mühlbach am Manhartsberg.*

Öffnungszeiten: *Der Park ist ganzjährig frei zugänglich.*

SCHLOSS OBERSIEBENBRUNN

PRINZ EUGENS PAVILLON UND GARTEN

Schloß und Park Obersiebenbrunn liegen in der Weite der agrarisch geprägten Landschaft des Marchfelds vor den Toren Wiens. Der Name leitet sich von sieben inzwischen versiegten Quellen her, die sich außerhalb des eigentlichen Parkbereiches befanden. Diese Wasserzufuhr machte die Anlage der einstmals großen Teiche möglich. Das Schloß ist ein einstöckiger, vierflügeliger, um einen rechteckigen Hof angeordneter Bau.

Ein Stich nach G. M. Vischer zeigt das Aussehen gegen Ende des 17. Jahrhunderts; einige Jahre später, 1725, erhielt Prinz Eugen für seine Verdienste als Feldherr und Staatsmann sowie als Generalstatthalter der Niederlande von Kaiser Karl VI. Herrschaft und Schloß Obersiebenbrunn, wozu in der Folge noch Schloßhof und Niederweiden hinzukamen. Auch die Dörfer Lassee und Oberweiden waren damals Teil der Herrschaft. Vorbesitzer war Sigismund Graf Kollonitsch, der erste Erzbischof von Wien. Nach Prinz Eugen waren wiederum die Kollonitsch Grundherren von Obersiebenbrunn, ab 1863 das Erzbistum Wien.

Von 1936 bis 1974 war das Schloß eine Erziehungsanstalt für Mädchen, danach stand es in Privatbesitz; seit 1999 ist die Gemeinde Obersiebenbrunn Eigentümer. Von der einst prächtigen Inneneinrichtung ist leider nichts mehr erhalten.

Spiel von Licht und Schatten im Gartenpavillon.

An der Rückseite des Schlosses erstreckt sich die weitläufige Gartenanlage, entworfen von Dominique Girard, einem Schüler des größten französischen Landschaftsarchitekten und Schöpfer des Parks von Versailles, Andre Le Nôtre. Girard hatte unter anderem den Garten des Belvedere sowie von Schloßhof (in Zusammenarbeit mit Lukas von Hildebrandt und Prinz Eugens Gärtner Anton Zinner) geplant. Am 5. März 1725 hielt Prinz Eugen die ersten Entwürfe des Schloßparks in Händen. Diese Parkanlage im Herzen des Marchfeldes, in ihren Grundstrukturen zum großen Teil noch wahrnehmbar, steht unter Naturschutz. Vom einstigen Wasserreichtum der Obersiebenbrunner sind freilich nur mehr Reste erlebbar, dennoch kann

Gegenüber: *Blick auf die Gartenfassade des Schlosses Obersiebenbrunn im Marchfeld.*

Das Dach des Gartenpavillons erinnert – in Anspielung an die Siege des Prinzen Eugen – an ein Türkenzelt.

man sich noch immer ein gutes Bild von der einstigen Blütezeit des Gartens machen.

Sternförmige Alleen und ein großer Fasangarten wurden damals hinter dem Schloß angelegt; eine Hauptachse vom Schloß weg führte an Blumenparterres vorbei, über zwei durch ein kunstvolles Kanalsystem miteinander verbundene Wasserflächen. Wo sich heute die Reitplätze befinden, lagen zwei größere Teiche, deren Zufluß von den oben erwähnten sieben Quellen des Stempfelbaches kam, die im sogenannten Speltengarten, einem Auparkwald nördlich außerhalb der Schloßmauer, zusammengefaßt und in einem Gerinne zum Schloßpark geleitet wurden. Die Kanäle konnten im 18. Jahrhundert mit Gondeln befahren werden, in der Nacht waren sie mit Laternen illuminiert, deren Schein sich malerisch im Wasser spiegelte. Die einstige barocke Blumenpracht, welche in den Parterres nahe dem Schloßgebäude zu bewundern war, ist heute leider nur noch anhand von detaillierten historischen Plänen nachvollziehbar. Auch die Blumenmotive an den Pavillonfresken geben einen Hinweis auf die ehemalige Gestaltung.

Ziel der Mittelachse ist der Gartenpavillon, eine Hauptattraktion, gewissermaßen eine Landmark des Gartens. Neben der Hauptachse treffen insgesamt acht Wege sternförmig hier zusammen, der Gartenpavillon liegt inmitten

Die Fresken im Inneren des Pavillons, eines barocken Kleinods von Lukas von Hildebrandt, zeigen mythologische Szenen.

des Schnittpunktes dieser drei Achsen, als gedachtes Zentrum der gesamten Gartenanlage und der Prinz Eugenschen Landerschließung des Marchfelds. Türen und Fenster des auf einem querovalen Grundriß errichteten Pavillons sind so angeordnet, daß sie jeweils in eine durch den Park gelegte Alleeflucht münden. Die Form des Daches symbolisiert ein Türkenzelt (in Anspielung auf die Rolle Prinz Eugens in den Türkenkriegen), die Fenster und Türen sind durch Pilaster in die Fassade eingegliedert.

Bemerkenswert sind die Fresken im Inneren des Gebäudes, geschaffen von Jonas Drentwett aus Augsburg, der damals an zahlreichen Objekten in Niederösterreich arbeitete. Thema der Dekorationsgruppen sind vier mythologische Gruppen: in Richtung Südwesten die Entführung von Deianeira, Frau des Herakles, durch den Kentauren Nessos, im Nordwesten die Entführung der athenischen Königstochter Oreithyia durch Boreas, den Nordwind; im Nordosten Diana mit dem Jäger Aktaion, in der südöstlichen Ecke der Raub der Sabinerinnen oder Aris mit Helena.

Über diesen Abbildungen schwebt jeweils ein Putto, eine barocke nackte, kleine Knabengestalt. Im ovalen Ornamentfeld ist ein Wolkenwagen mit Verkörperungen der vier Jahreszeiten durch Gestalten der römischen Götterwelt und der griechischen Mythologie dargestellt. Venus (Flora)

Ober der Viehtrift
Ober Siebenbrunn
Hausfeld

Oben: *Der Park von Obersiebenbrunn hat zum Teil Waldcharakter, was ihm einen eigenen Reiz verleiht.*
Gegenüber: *Der Franzisceische Kataster zeigt die barocke Gartenplanung von Dominique Girard.*

Schloß Obersiebenbrunn

Anschrift: *Schloß Obersiebenbrunn, Gemeindeamt, Hauptplatz 11, 2283 Obersiebenbrunn.*
Tel.: +43-(0)2286/2218-0.
Internet: www.obersiebenbrunn.at/schloss.htm

Anfahrt: *A23 bis Gänserndorf, über Süßenbrunn und Markgrafneusiedl nach Obersiebenbrunn.*

Öffnungszeiten: *bei der Gemeinde zu erfragen.*

mit kindlichem Amor stellt den Frühling dar, Ceres den Sommer mit Drachengespann, Bacchus den Herbst, Kronos den Winter. Wiederum treten als Attribute schwebende Putti auf. Szenen aus dem Landleben und dem Waidwerk, Stier mit Mädchen und Rose (Sternbild Jungfrau und Stier), Kentauren, Wassermann und bäuerliche Gestalten, die in einem Spannungsverhältnis zu den der Mythologie entnommenen Darstellungen stehen, ergänzen die Fresken. Diana, Jupiter, Apoll und Venus sind als Büsten dargestellt. Diese farbenfrohen Darstellungen aus dem galanten Zeitalter sollten der Ansatzpunkt für eine Revitalisierung der herrlichen barocken Anlagen im Marchfeld sein.

SCHLOSS POTTENBRUNN

DER PARK AN DER TRAISEN

Der Landschaftspark von Pottenbrunn, im Umfeld der niederösterreichischen Landeshauptstadt St. Pölten direkt an der Traisen gelegen, erstreckt sich über die Traisenau bis zur Grenze nach Ratzersdorf. Er zählte einst zu den schönsten in dieser Gegend Niederösterreichs nicht allzu häufigen englischen Parkanlagen. Das Wasserschloß von Pottenbrunn besteht aus zwei Teilen: einem jüngeren zweigeschossigen Gebäude, welches über eine Steinbrücke und einen Torbau zu erreichen ist, und einem älteren, auf das 12. Jahrhundert zurückgehenden viergeschossigen Teil mit einem romanischen Bergfried. Bemerkenswert ist eine offene, um das gesamte Gebäude umlaufende Galerie. Nach Zerstörungen im ersten Drittel des 16. Jahrhunderts wurde es unter den Herren von Grabner, den damaligen Besitzern, umgebaut und die erwähnte Galerie errichtet. Im Jahre 1961 stürzte der sechsgeschossige Turm teilweise ein.

Rosen im Pottenbrunner Landschaftspark.

Der Park von Pottenbrunn geht auf die Wende vom 18. zum 19. Jahrhundert zurück, doch sind die historischen Strukturen nur noch sehr undeutlich wahrnehmbar. Interessant ist in diesem Zusammenhang die in historischen Grundbüchern aufscheinende Bezeichnung „Unsinniger Garten": das bedeutet, daß er eine kolossale und weitläufige Ausdehnung und Gestaltung besaß. Im 18. Jahrhundert begegnen uns die Grafen von Kuefstein als Eigentümer, auf die wir ja auch in Greillenstein als Schöpfer einer bedeutenden barocken Gartenanlage treffen. Gärtner von Pottenbrunn war damals Carl Klump. Von den Grafen Kuefstein kauften die Grafen von Pergen den Besitz; Johann Anton Graf Pergen war Staatsminister unter Kaiser Josef II. und eine schillernde Persönlichkeit im Wien des späten 18. Jahrhunderts. Die Pergen übernahmen auch den Kuefsteinschen Gärtner, eben jenen Carl Klump, der vermutlich auch der Schöpfer der Parkanlage im englischen Stil

Gegenüber: *Schloß Pottenbrunn, nördlich der niederösterreichischen Hauptstadt St. Pölten gelegen, ist von einem herrlichen Landschaftspark umgeben.*

Herrliches Farbenspiel der Flora im Schloßpark.

war. Dafür gibt es keinen direkten Beweis, bemerkenswert ist jedoch, daß Klump von Graf Pergen vom „Hortulus" zum „Praefectus Oeconomie Dominicinalis", also zum Herrschaftsverwalter, ernannt wurde. Offenbar war der Grundherr mit Klumps Leistungen also zufrieden.

Dem sich heute ergebenden Bild nach wurde der Park unter Kuefstein geplant und ersonnen und unter Pergen ausgestaltet. Auf dem Franzisceischen Kataster kann man folgenden Aufbau erkennen: Schloß und Park waren durch eine Kastanienallee verbunden, eine Verlängerung der Allee mit Pappeln führte in Richtung der Traisen. Kurz bevor sie den Fluß erreichte, endete diese Pappelallee; in einer Krümmung gelangte der Weg zu einem kreisförmigen Platz. Eine weitere Pappelallee, Viehhofer-Allee genannt, lief quer zum Fluß. Zwischen der Viehhofer-Allee und dem Weg nach Ratzelsdorf bildete eine weitere Allee die

Wie in allen Landschaftsparks ist auch in Pottenbrunn das Wasser ein belebendes Element.

Der Franzisceische Kataster zeigt die weitläufigen Alleen des Parks an der Traisen.

westliche Begrenzung der intensiver gestalteten Partien. Im Parkbereich bestand die Allee aus säulenformigen Bäumen, Richtung Süden ging sie dann in eine Nadelbaumallee über. In diesem Teil des Parks befand sich der ehemalige Fasanengarten, ein immer wiederkehrendes Element in barocken bzw. landschaftlichen Anlagen, der dem Josephinischen Kataster zufolge bereits seit längerem dort situiert war.

Der Kernbereich des Parks lag zwischen Traisenallee, Viehhofer-Allee und südlicher Brunnader. Nordwestlich der Traisenallee gab es einen dem gotischen Stil nachempfundenen Tempel, ein typisches Element englischer Landschaftsgärten, und auch die Wegeführung entsprach dem englischen Stil. Laub- und Nadelgehölze wechselten sich ab.

Über den gotischen Tempel und den sogenannten Holzstoß, ein kurioses hölzernes Gebäude, sowie die Wetternische bemerkte Kaiser Franz I. in seinem Reisetagebuch: „Im Garten ist ein sogenannter ‚Holzstoß' mit einem großen Zimmer im selben, dann ein inwendig ausgemebleter kleiner Gothischer Tempel, dann ein Gebäude wie eine Nische aus Holz, die man vormals drehen konnte, um sich vor Wind und Wetter zu schützen." Schönheit und Pracht des Gartens von Pottenbrunn inspirierten den Dichter Michael Denis zu folgenden Zeilen an den Grafen Pergen: „Ich bin Dein Park. Was hab ich Dir zu danken! Die Drasen, meine böse Nachbarin, nahm mir bald da, bald dort ein Stückchen Landes hin, Du setztest ihrer Raubbegierde Schranken. Wie mancher Gang gerad und krumm Schleicht anmuthvoll um mich herum; Wie manche Bächlein prangen auf dem Rücken Mit schön gebauten Brücken; Wie manchen fremden Strauch hast Du mir einverleibet, Den angestaunt von jedermann, Nicht einmal ein St. Pöltner nennen kann. Wenn Regen oder Sonne treibet, Wie manche Leute, manches Dach Steht da bereit, dem Wandler zum Empfange; Doch nirgend weiß Natur von einem Zwange, Du halfst der großen Meisterin nur nach. Die Blumeninsel, die kein Aug noch schöner sah, Der Hügel selbst, auf dem, weil sich der Lustwald theilet, So mancher Ort dem Blick entgegen eilet, Steht, wie geschaffen, da. Und so ward ich berühmt durch Dich, Und jeder, der mich sieht, der lobt und schätzet mich..."

Steinerne barocke Vase im Landschaftspark.

Gegenüber: *Seitenansicht von Schloß Pottenbrunn mit umlaufender offener Galerie im oberen Stockwerk.*

Derzeit sind die historischen Strukturen der Parkanlage kaum noch erkennbar, verschwommen und verwachsen. Der große Teich und mehrere kleine wurden trockengelegt, der Verwilderungsprozeß ist schon sehr weit fortgeschritten, und das Areal macht den Eindruck eines Auwaldes.

Von den Staffagebauten ist nur noch der erwähnte Tempel im Bereich des nicht mehr existierenden großen Teiches erhalten. Eine Abbildung um 1800 zeigt den damaligen Zustand im Bereich um den Tempel: alles ist stark verwildert, das Gehölz und der Unterwuchs wuchern das Gebäude beinahe zu.

Seit längerer Zeit bemüht sich eine Initiative, der neben dem Grundeigentümer auch der Verein „Schönes Pottenbrunn" angehört, den Park zu revitalisieren. Dabei soll es zu einer Verzahnung zwischen den natürlichen Elementen des Parks mit den revitalisierten Elementen des ehemaligen englischen Parks kommen.

Schloß Pottenbrunn

Anschrift: *3140 Pottenbrunn, Pottenbrunner Hauptstraße 77. Tel.: 02785/2337.*

Anfahrt: *A1 Westautobahn bis St. Pölten, Abzweigung Knoten St. Pölten auf die S33 bis zur Ausfahrt St. Pölten Nord Richtung Pottenbrunn.*

Öffnungszeiten: *Der Park ist ganzjährig zu besichtigen, das Schloß April bis Oktober Dienstag bis Sonntag 9 bis 17 Uhr.*

Der Landschaftspark von Pottenbrunn ähnelt immer mehr einem Auwald.

SCHLOSS PRUGG

DER PARK IN DEN LEITHAAUEN

Der Park von Schloß Prugg in Bruck an der Leitha, südöstlich von Wien in der Ebene der Leithaauen gelegen, gehört zu den großzügigsten Anlagen Niederösterreichs. Im agrarisch geprägten Umland wirkt er wie eine eigene Welt, die den Gesetzen von Schönheit, Freude und Natur gehorcht. Seine Ausdehnung und eigentümliche Atmosphäre machen ihn immer noch bemerkenswert.

Die ehemalige Wasserburg Prugg geht vermutlich auf eine Gründung der Babenberger zurück. Der aus der Frühgotik stammende Bergfried wurde im späteren Entwurf von Johann Lukas von Hildebrandt Anfang des 18. Jahrhunderts auf elegante Weise in die Anlage integriert. Die aus England kommende Mode der Neugotik wurde von Schloßherren des 19. Jahrhunderts oft begeistert aufgenommen, und so wurde denn auch die um einen rechteckigen Hof gelagerte Veste im neugotischen Stil, wie es beispielsweise auch in Grafenegg der Fall war, umgewandelt. In der Kapelle mit Stukkatur (1710) findet sich ein Altarbild des Meisters Johann Georg Schmidt (1721), bekannt unter dem Namen „Kremser Schmidt". Seit 1600 sind Schloß und Park von Prugg im Besitz der Grafen von Harrach, welche schon seit 1524 im benachbarten Rohrau saßen.

Der Wasserreichtum des Parks in Schloß Prugg ist eine seiner Hauptattraktionen.

Die Geschichte des Gartens reicht bis ins 16. Jahrhundert zurück. Bereits vor dem Jahre 1625 sieht man auf Abbildungen einen Ziergarten, der noch innerhalb der Mauern im nahen Umfeld des ehemaligen Wasserschlosses von Prugg lag. Die Barockanlage wurde um 1710 von Johann Lukas von Hildebrandt geplant, dem nicht nur Ruhm als Architekt, sondern auch als Landschaftsarchitekt von großräumigen Projekten gebührt. Auch an den niederösterreichischen Gartenanlagen von Schönborn und Obersiebenbrunn hat Hildebrandt gearbeitet. Der Barockpark,

Gegenüber: *Der Landschaftspark von Schloß Prugg weist bereits starke Spuren der Verwilderung auf, ebenso wie Gebäude und Staffagebauten im Park.*

Der Franzisceische Kataster zeigt die Lage des Landschaftsparks an der Grenze zum Königreich Ungarn.

angelegt unter dem damaligen Besitzer Graf Alois Thomas Harrach, war als axial-geometrische Anlage konzipiert. Um sie zu vergrößern, wurden auch einige der umliegenden Gärten der Bürger von Bruck angekauft. Die nahegelegene unregulierte Leitha mit ihren Seitenarmen und Mäandern wurde bewußt in die Konzeption mit einbezogen, andererseits wurden im Zuge dieser Arbeiten auch Sümpfe trockengelegt (wie es auch in Schönborn der Fall war). Dieser Wasserreichtum macht die Einzigartigkeit des Brucker Parks aus. Gegen Ende des 18. Jahrhunderts ließ Graf Johann Ernst Harrach (1756–1829) durch den Landschaftsgestalter und Botaniker Christoph Lübeck, den er 1789 als Gärtner einstellte, dem Trend der Zeit entsprechend die barocke Gartenpracht in einen Landschaftspark umgestalten. Die Einbeziehung der Leitha und ihrer Seitenarme nutzte die Möglichkeiten, welche sich durch die vorhandenen Wasserressourcen ergaben, geschickt aus. Verschiedene Inseln, wie die Fürsteninsel, Pappelinsel, Fischerinsel und Schatteninsel, verstärkten noch den Eindruck einer natürlich gewachsenen romantischen Landschaft. Auf der

Wunderschöne Parkwiesen treten immer wieder zwischen den bewaldeten Bereichen hervor.

Schatteninsel fand sich auch jenes immer wiederkehrende Element von Landschaftsparks, eine Grotte. Die landschaftliche Vielfalt mit ihren eigentümlichen Stimmungen machte den Park zu einer Sehenswürdigkeit ersten Ranges. Dazu kam die Möglichkeit, die Gewässer mit Kähnen befahren zu können, eine im „galanten Zeitalter" beliebte Beschäftigung. Als Ausgangspunkt dafür dienten kleine Häfen, unter anderem direkt beim Schloß.

Bei der Umgestaltung in einen Landschaftspark, die Jahrzehnte in Anspruch nahm, wurden alle Anklänge an die Barockanlage verwischt, außer einem kleinen Wäldchen beim Jagdschloß, östlich der Leitha, welches die barocke sternförmige Gestaltung behielt. Vielfältige Bäume wurden gepflanzt, abwechselnd in- und ausländische Arten von Nadel- und Laubgehölzen. Sie wurden in malerischen Formationen und in bewußt organisierten Gruppen gesetzt, um einen Wechsel an Stimmungen zwischen Heiterkeit und Melancholie zu erzielen; weite Blumenwiesen wechselten mit schattigeren Plätzen und Wegen ab. Auch das Pastorale, das Sentimentale wurde im Park inszeniert; die

Die zahlreichen, leider immer mehr verschlammenden Kanäle entstanden durch das Aufstauen der Leithaarme.

Wasser, das dominierende Element im Landschaftspark von Schloß Prugg.

Trauerweiden an den Flußufern stehen dafür. Die Parkanlage dehnte sich nun bis in die Leithaauen aus. Die Aufgabe war vor allem auch, das Wasser unter Kontrolle zu halten beziehungsweise die Gewässer entsprechend zu behandeln.

Bis zum Ersten Weltkrieg wurde die Anlage sorgfältig gepflegt, bis zu fünfzig Gärtner waren damit beschäftigt, den Park zu betreuen. Heute ist von den Staffagebauten fast nichts mehr vorhanden; das achteckige Lusthaus, früher mit Glastüren ausgestattet, ist ein offenes Gebäude; die anderen Bauten waren Holzarchitekturen und daher entsprechend kurzlebig. Von ihnen ist nichts mehr vorhanden. Ebenso sind viele Brücken über die Leithaarme, ein kleines Jagdschloß, Tempel, die obligate Grotte, Urne, Mühle und Fischerhütte verschwunden. Die einst

Schloß Prugg in G. M. Vischers Topographie.

gestalteten Arme des Leithaflusses sind verschlammt und nicht mehr so wahrnehmbar, wie es damals im Sinne der malerischen Szenerien erwünscht war.

Graf Johann Ernst und seine Gemahlin Gräfin Josepha waren naturwissenschaftlich sehr interessiert und wurden zu Begründern eines Arboretums, einer baumkundlichen Sammlung innerhalb der herrlichen Parkanlage. Dieser botanische Garten war nach dem Linnéschen System angelegt, benannt nach Carl von Linné (1707–1778), dem schwedischen Botaniker und Schöpfer eines Begriffsinstrumentariums, das noch heute von den Biologen verwendet wird. Schon zu Lebzeiten war er berühmt für seine bis heute gültige Klassifizierung des Pflanzen- und Tierreiches. Die noch erhaltenen Listen der Parkpflanzen weisen über sechstausend Arten auf.

In den letzten Jahren wurden verschiedene Ideen und Konzepte für die Revitalisierung des Parks entwickelt. In Bruck an der Leitha sind sowohl der Eigentümer als auch der Pächter, die Gemeinde, daran interessiert, daß der Park eine Zukunft hat. Dazu braucht es zunächst einmal Maßnahmen, welche die Grundstrukturen wieder herausarbeiten und erlebbar machen.

Schloß Prugg

Anschrift: *2460 Bruck an der Leitha.*

Anfahrt: *A4 Ostautobahn bis zur Ausfahrt Bruck an der Leitha.*

Öffnungszeiten: *Der Park ist ganzjährig für Besucher frei zugänglich.*

Große Wiese vor der in der Gemeinde Bruck an der Leitha an der Grenze zum Burgenland liegenden Anlage.

BURG RAPPOTTENSTEIN

EIN MITTELALTERLICHER ZWINGERGARTEN

Der dunkle Nordwald, die „Silva Nortica", bildet den äußeren Rahmen für die auf einem Felskegel emporwachsende Burg Rappottenstein über dem Tal des kleinen Kamp im Waldviertel. Der Erbauer der Burg scheint der Kuenringer Rapoto (urkundlich 1157 und 1176 genannt) gewesen zu sein, dessen Ahn Hadmar I. im Jahre 1137 das Kloster Zwettl gründete. Die Veste diente vor allem als Grenzburg, die über die Verbindungsstraße vom Donautal durch den Nordwald nach Böhmen wachen und diese gegebenenfalls sperren sollte. Nach den Kuenringern waren ab 1305 die aus dem oberösterreichischen Ort gleichen Namens stammenden Dachsberger die Herren auf Rappottenstein; nach den Starhembergern und Landauern übernahmen schließlich im Jahre 1664 die Grafen von Abensperg und Traun die Burg, in deren Besitz sie nun seit über 300 Jahren ist. Bemerkenswert ist der Burgfelsen von Rappottenstein: er wurde während der Entstehungszeit der Burg als Steinbruch genutzt. Schrämmspuren und Keiltaschen deuten auf eine Bearbeitung hin, die überaus mühevoll gewesen sein muß, da der Fels extrem hart ist. Die Blöcke wurden dann mit Hilfe von Keilen und Eisenblechen, die in die Ausnehmungen – die Keiltaschen – eingebracht wurden, abgekeilt und weiterbearbeitet. Das Gestein besteht aus Weinsberger Granit und wurde im Laufe vieler Millionen Jahre durch Verwitterung vom einstigen Hochgebirge freigelegt. In Zukunft bekommt der Burgfelsen eine neue Nutzung als Kletterwand.

Rappottenstein, Inbegriff der romantischen Ritterburg.

Der Bastionsgarten zeigt dem Besucher einen Garten, wie er im 14. Jahrhundert vermutlich ausgesehen hat: ein Platz für Unterhaltung und geselliges Treiben. Die Enge der Behausungen und die Kälte im Winter machten die Freuden sommerlichen Gartenlebens nur umso angenehmer. Zur Zeit der Kreuzzüge erwarb die Ritterschaft Weltbildung und Ansehen, ein höfischer Lebensstil entwickelte sich, zu dem als wichtiges Element der Minnedienst trat, die Verehrung der sozial höhergestellten Frau. Eine eigene

Gegenüber: *Blick zum Zwingergarten, vom ersten Hof der Burg Rappottenstein aus gesehen.*

dichterische Kunstform, das Minnelied, nahm sich dieses Themas an, wobei der Garten oft den Hintergrund der Handlung bildete.

Der mittelalterliche Garten war ein Ort der Geselligkeit: Dort wurde gespielt, gebadet und gespeist. Der Garten von Rappottenstein hat eine Anlage jener Zeit nachgebildet. An den Mauern wachsen Strauchrosen. Rosengärten werden vor allem literarisch häufig erwähnt, ob es sie in dieser Form aber wirklich gegeben hat, ist nicht gesichert. Die Symbolik des Rosengartens spielte jedoch eine große Rolle. Im „Roman de la Rose" des Jean de Meun und Guillaume de Lorris von 1235 wird der Garten zum Schauplatz und auch Symbol des allegorischen Liebesspiels. Dieser Garten der Liebe kann als der Garten Eden, das himmlische Paradies, erscheinen. Hier überschneidet sich die Allegorie mit biblischen Inhalten.

Eine Lavendelhecke begleitet die Strauchrosen. In einer Nische des Gartens findet sich eine Laube, umrankt von Kletterrosen. Ein ritterliches Liebespaar in höfischer Kleidung sitzt darin: Der Jüngling überreicht der Dame eine Rose.

Vermutlich hat es in Rappottenstein auch einen sogenannten Wurzgarten mit Küchen- und Heilkräutern gegeben, sein Standort ist allerdings unklar. Die häufigsten Pflanzen bei Burgen waren Rosen, Lilien und Veilchen. Die Lilie, Symbol der Reinheit und Keuschheit, aber auch des Herrschertums (siehe die Lilie der Bourbonen) stammt aus dem östlichen Mittelmeergebiet und wächst auf neutralem bis kalkhaltigem Boden. Sie ist bei uns nur als Kulturform

Oben: *Blick in den Garten mit seinen rosenbepflanzten und von Zinnen gekrönten Mauern.*
Gegenüber: *Die alte Burg ist von einem wertvollen Baumbestand umgeben.*

Blick über weitläufige Wiesen auf die ehemalige Grenzburg Rappottenstein im Waldviertel.

bekannt, ihre wilden Schwestern sind Türkenbund und Feuerlilie. Lilien wurde auch als Heilpflanzen verwendet, der Saft wurde zu Salbe gegen Hautprobleme verarbeitet. Auch das Veilchen galt in früheren Zeiten als Symbol für Reinheit, Unschuld und Demut, wurde allerdings im Mittelalter zum häufig gebrauchten Liebesboten. Die Botschaft des Veilchens lautete: „Du bist so unschuldig süß" oder: „Nichts ist süßer als die verborgene Liebe." Das Stiefmütterchen hingegen symbolisierte Lieblosigkeit, weil man in den Blüten ein herbes Frauengesicht erkennen wollte.

In historischen Burggärten gab es keine Wege, man ging einfach über den Rasen und saß auf Rasenbänken, die aus Grassoden bestanden, welche auf sitzhohe Mäuerchen aufgelegt wurden. Erst später wurden auch Holz- und Steinbänke verwendet.

Der Rittergarten von Rappottenstein soll keine Rekonstruktion eines Burggartens sein, sondern vor allem die Symbolik und Sinnenfreudigkeit des Mittelalters darstellen.

Burg Rappottenstein

Anschrift: *3911 Rappottenstein, Klangburg 85.*
Tel.: 02828/8250, Fax: 02828/8250-19.
E-Mail: traunburgfvr@wvnet.at
Internet: http://www.klangburg.at

Anfahrt: *A22 Donauuferautobahn, B3 bis Krems, nach Norden über Gföhl nach Zwettl, Richtung Groß-Gerungs bis Rappottenstein.*

Öffnungszeiten: *Der Schaugarten kann täglich zwischen 9 und 17 Uhr zu den jeweiligen Führungen besucht werden.*

SCHLOSS SCHÖNBORN

DAS GARTENREICH DES VIZEKANZLERS

Der Schloßpark von Schönborn bei Göllersdorf, eine der wichtigsten Gartenanlagen Niederösterreichs, liegt eingebettet in die sanfte Landschaft des Weinviertels südlich der Stadt Hollabrunn. Das Beispiel Schönborn stellt eine Möglichkeit dar, altes Kulturgut, in diesem Fall eine historische Parkanlage, mit den Nutzungsmöglichkeiten der heutigen Freizeitgesellschaft zu kombinieren: Teile des Schloßparks werden nämlich als Golfplatz genutzt, im Schloß befinden sich Clubhaus und Restaurant.

1710 wurde die Herrschaft vom Reichsvizekanzler Friedrich Karl Graf Schönborn-Buchheim erworben, einer schillernden, streitbaren Persönlichkeit, die später auch Fürstbischof von Bamberg und Würzburg wurde. Auf dem sumpfigen, von ständigen Überschwemmungen bedrohten Gelände der alten Mühlburg, das man aufgrund seines Wasserreichtums auswählte, wurde im Auftrag Schönborns zwischen 1712 und 1717 das Schloß errichtet. Architekt war Johann Lukas von Hildebrandt, in damaligen Schriften aufgrund seiner Herkunft aus Italien auch kurz „Jean Lucca", genannt. Die Gartenanlage von Schönborn gehörte einst zu den bedeutendsten Schöpfungen der europäischen Gartenkunst des frühen 18. Jahrhunderts; von außen kann man heute nur ahnen, welch herrlicher Park sich hinter den Mauern verbirgt. Nur die martialischen Löwen des barocken Portals verraten etwas von der prachtvollen Anlage. Als Landschaftsarchitekt ist wie beim Bau des Schlosses Lukas von Hildebrandt belegt, dazu Maximilian von Welsch, schreibt doch der Reichsvizekanzler in einem Brief: „dieser hat meinen garten- auch wasser und orangeriewurm mit stattlichen einfällen und rissen verbessert". Aufschluß über die Barockanlage gibt auch der Pommersfeldener Generalplan von 1727; aufgrund dessen kann sie in folgende Bereiche unterglie-

Detail einer barocken Vase im formalen Bereich des Gartens von Schloß Schönborn.

Gegenüber: *Gartenfassade von Schloß Schönborn, erbaut 1712 bis 1717 von Johann Lukas von Hildebrandt unter dem Bauherrn Graf Friedrich Karl Schönborn-Buchheim.*

Buchshecken und Steinvasen im formal gestalteten Bereich der Gartenanlage.

dert werden: Schloß (1710 bis 1715 errichtet), Lustgarten (1715 bis 1718), Orangerie (1716 bis 1718), Meierhof (1718), Gartentheater und die beiden großen Fasangärten.

Der Plan des Gartens weicht vom französischen Vorbild dadurch ab, daß er nicht mit einer Achse weit in die Landschaft ausgreift, sondern komplett von einer Mauer umschlossen ist; nur die Allee ragt in die Umgebung hinein.

Geht man von Göllersdorf kommend in Richtung Schloß, so trifft man zunächst auf die in Form einer Baldachinarchitektur errichtete Johann-Nepomuk-Kapelle am Beginn der Zufahrtsallee; die Allee mündet in den Vorhof mit großem, früher auch als Pferdeschwemme verwendetem Bassin, das einen Kontrast zur reich verzierten, vertikal aufstrebenden Schloßfassade bildet. Der Zentralbereich des Lustgartens liegt zwischen Schloßgebäude und Orangerietrakten. Durch Göllersbach und Mühlbach umflossen, liegt der Bereich wie eine Insel zwischen den beiden Gebäudekomplexen. Von der einstigen reichen Ausstattung, dem

Putten auf einem Steinsockel im Park von Schönborn.

Der Franzisceische Kataster zeigt die Großzügigkeit der barocken Gartengestaltung von Schönborn.

skulpturalen Schmuck sowie den ausgeklügelten Wasserwerken ist beinahe nichts mehr vorhanden, und so läßt sich der Gesamteindruck nur noch anhand historischer Pläne und Ansichten nachvollziehen.

Vier Abschnitte lassen sich feststellen: das sogenannte „Orangeriewäldel", seitlich des Mitteltraktes des Schlosses vorgezogen; das Broderie-Parterre (Broderien sind Ornamentmuster aus beschnittenem Buchs und farbigen Kiesen), das durch eine Allee in zwei Abschnitte unterteilt wird; die große Kaskade mit anschließendem Längsbassin und reichem Figurenschmuck und schließlich Boskette aus geschnittenen Taxusbäumen. Die Mittelachse führt genau in die Orangerie hinein, wo eine zentrale Rasenfläche *(Boulingrin)* mit Wasserbassin die Achse abschließt. Auch im Hof der Orangerie gab es Terrassierungen, Flächen mit Broderiemustern und im Sommer zusätzlich aufgestellte Topfpflanzen. Im Inneren der nun revitalisierten Gebäude der Orangerie finden sich kunsthistorisch sehr bedeutsame Fresken von dem aus Augsburg stammenden Maler Jonas Drentwett; er hat unter anderem auch im Pavillon von Obersiebenbrunn Spuren hinterlassen.

Eine Ansicht von Daniel Chodowiecki, eine Gouache auf Papier vom Ende des 18. Jahrhunderts, gibt interessante Hinweise und neue Aufschlüsse über die ehemalige Gestaltung des barocken Lustgartens und erleichtert das Verständnis für den heutigen Eindruck. Das Bild stellt den Blick von der Gartenfassade in Richtung der Orangerie dar. Auf beiden Seiten der Allee liegen geschwungene Blumenparterres mit Steinvasen an den Ecken. Auch die große Kaskade ist zu sehen. Im oberen Bassin thront Pegasus, flankiert von Apoll und Herkules, auf einem Felssockel im sprudelnden Wasser. Die Statue des Apoll befindet sich heute im Garten des Pfarrhofes von Oberhautzenthal, unweit von Schönborn.

Nach Meinung von Paulus leitete der Schloßpark von Schönborn bei Göllersdorf eine neue Epoche der Gartenkunst ein. Unter Weiterentwicklung seines ersten Projekts,

Wappen der Grafen von Schönborn-Buchheim über dem Eingang der Gartenfront des barocken Schlosses.

des Wiener Belvederegartens (1704/06), hat Lukas von Hildebrandt hier einen Gartentyp geschaffen, bei dem Kontinuität und Überschaubarkeit als neue Kriterien ihren Niederschlag fanden. Während der französische Garten in seinem Wesen durch die in die Landschaft führenden Achsen gekennzeichnet ist, behält der neue Gartentyp Hildebrandts noch immer die deutsche Eigenart der Allumschlossenheit bei. Der Garten wird als ein Gegensatz zur Landschaft verstanden und deshalb als überschaubarer Bereich von ihr abgegrenzt.

Dem Geschmack der Zeit entsprechend, kam aber auch für Schönborn die „landschaftliche" Phase: Eugen Franz Graf Schönborn-Buchheim gab seinem Geometer Franz Obich 1783 den Auftrag, innerhalb des alten Gartens die Veränderungen und Ergänzungen in „englischer Manier" zeichnerisch darzustellen. Anhand eines Plans im Schloß zu Schönborn erkennt man den Wunsch, in die nun als zu starr empfundene axiale Ordnung eine natürliche Unregelmäßigkeit einzubringen. Die neue Anlage wurde zwischen 1790 und 1800 fertiggestellt, und zwar im nördlichen Bereich des Areals. Auf einem Aquarell von Laurenz Janscha aus dem Jahre 1800 ist der chinesische Pavillon dargestellt; er liegt auf einer Insel im Teich und ist mittels eines Steges zu betreten. Am Ufer erhebt sich auf einem Rasenhügel ein Apollotempel.

In Schönborn versucht man gartendenkmalpflegerische Gesichtspunkte und die Nutzung des Parks miteinander zu vereinen. So wurden wichtige Teile erhalten und werden entsprechend gepflegt, und die Golfspieler haben die Möglichkeit, ihren Sport in einer der herrlichsten Parkanlagen Niederösterreichs auszuüben. Ihr Zukunft ist gesichert, da die Eigentümer sich der Verantwortung, den der Besitz von altem Kulturgut auferlegt, bewußt sind und Interesse daran haben dieses für kommende Generationen weiter zu pflegen und zu erhalten.

Schloß Schönborn

Anschrift: *2013 Göllersdorf.*

Anfahrt: *A22 Donauuferautobahn, E59 bis Schönborn.*

Öffnungszeiten: *Aufgrund der Nutzung als Golfplatz und der dadurch auftretenden Gefahren ist der Garten nicht zu besichtigen.*

Nepomukkapelle mit Baldachinarchitektur an der Zufahrtsallee zu Schloß Schönborn.

SCHLOSS STETTELDORF

EINE HISTORISCHE SEHENSWÜRDIGKEIT

Der besondere Reiz der Gartenanlage von Stetteldorf, westlich der Stadt Stockerau, liegt in ihrer höchst anmutigen Lage am Abhang des Wagram. Die historische Garten- bzw. Parkanlage erstreckt sich von der oberen Kante des Wagram über den Abhang hinweg in die Niederung, einer Allee folgend bis zur sogenannten Rohrmühle. Stetteldorf ist das den Wagram beherrschende Bauwerk, es greift mit seinen Gärten in die umgebende Landschaft aus. Der Garten hat mehrere Epochen hinter sich, die letzte Variante ist die eines Landschaftsparks aus dem späten 18. Jahrhundert, wie er auch auf dem Franzisceischen Kataster überliefert ist.

Initiale der Gräfin Hardegg am kleinen Witwenschloß.

Heute kann man die ehemaligen Strukturen nur noch erahnen; dem kundigen Blick jedoch zeigen sich noch einige Elemente und Details der historischen Gestaltung, zum Beispiel aus der Form gewachsene Buchsbäume. Solche Kulturrelikte bleiben oft über Jahrzehnte, sogar über Jahrhunderte an ihrem Standort. Auch Reste der barocken Tulpenliebe sind noch zu finden, die sich trotz der Umwandlung der Barockgärten in Landschaftsgärten halten konnten. Das Schloß, an der Grenze gegen Starnwörth gelegen, wurde nach dem Erbauer Graf Julius II. „Juliusburg" genannt. Dieser hatte um 1582 von den Starhembergern den Markt gekauft und bald darauf das Schloß „auf grünem Wasen", also auf grüner Wiese, durch den Baumeister Andreas Piazoll errichten lassen. 1588 war laut einer Inschrift der ältere Trakt dieses Renaissancebaus vollendet. Der Neffe von Graf Julius, Graf Georg Friedrich, erweiterte nach dem Tod des Onkels den Bau und ließ einen Wall als Vorwerk errichten. Er war auch der Schöpfer der einst so berühmten Gartenanlage. 1705 ließ Julius IV., dessen Urenkel, das Schloß modernisieren. 1731 weilte der berühmte Architekt Johann Lukas von Hildebrandt im Schloß, um das von ihm entworfene neuerbaute Portal an der Zugbrücke zu besichtigen. Auch der Körnerkasten als Gegenstück zum Schloß dürfte damals entstanden sein. 1749 wurde nach einem

Gegenüber: *Einfahrt in das Schloß von Norden durch die doppelreihige Kastanienallee.*

Büste über dem ersten Tor im Park von Schloß Stetteldorf.

Erdbeben der Turm abgetragen, 1829 wurde im Garten das sogenannte Luisenschlössl als Witwensitz für Luise Gräfin Hardegg, geborene Gräfin Althan, erbaut.

Nach der Vollendung des Schlosses im 16. Jahrhundert ging Graf Julius an die Ausgestaltung des Gartens, für dessen Herrichtung schon 1594 der Schloßgärtner von Sitzendorf, Daniel Glück, aufgenommen worden war. 1602 versprach der Steinmetz Christoph Teyssner von Kuenring aus Zogelsdorf, 64 Postamente, jedes 4,5 Schuh hoch, 1,5 Schuh breit und einen Schuh dick, sowie vier Ecksteine zu liefern, und 1608 traten der Kirchenbildhauer Christoph Wipfel von Lobenhausen und sein Bruder Johann um 100 Gulden im Jahr und die Kost (auch für Christoph Weib), in die Dienste des Grafen. Auf die 64 Postamente mögen wohl die griechischen und römischen Gottheiten gestellt worden sein, die noch 1798 vom dortigen Pfarrherrn und Haushistoriographen gesehen wurden: Johann Baptist Mareck erwähnt sie in seinen *Wanderungen von Stockerau nach Stetteldorf* (Handschrift in der Wiener Nationalbibliothek). Heute sind sie verschollen.

Für den Garten ließ Graf Georg Friedrich unter anderem aus Bozen durch den Grafen Hans Caspar Stadion, aus Preßburg durch den Wirt Hans Vogel und aus Südmähren durch die Huterischen Brüder (eine protestantische Sekte) seltene Bäume und Gewächse kommen. Auch sein Hauptgläubiger Siegmund Ludwig von Polheim besorgte ihm mehrere hundert Vogelbeer- und Lärchenbäumchen.

1612 konnte Georg Friedrich dem Oldenburgischen Agenten zu Prag David Heideler schreiben: „was schöne Lust- und Obstgärten anlangt, will ich keinen Cavagliero meines Standes ausser oder Inner Landts mit Cediren, Verhoffe es werden sich in kunftig derlei Ocasionen presentieren dass Ihr herüber den Augenschein selbst einnehmen werdet." Wie der Graf für seine Weingarten aus Mähren einen „brüderischen Weinzierl" Jakob Trixler kommen ließ, so wurde aus Vicenza der „wälsche" Gärtner Giacomo Periori berufen. 1604 kam er nach vierzehntägiger Reise (zu Pferd bis Hall in Tirol und auf dem Wasser bis Krems) im November an.

Zum Garten der Zeit gehörten auch Wasserkünste. 1605 und 1607 machten darum Thomas Stamp in Wien und Ludwig Zocha in Onolzbach den Grafen auf einen Brunnenmeister aus Augsburg aufmerksam, der zu Russdorf für Elias Bayer vorzüglich gearbeitet habe. Vielleicht ist er jener Meister Niklas von der Neustadt, der in Goldgeben in der

Die Platane unterhalb der Anhöhe des Wagram, ein sogenannter „historischer Gartenzeiger".

Nähe von Stetteldorf und anderswo gearbeitet hat. Jedenfalls bestanden noch 1695 „Euctenen" oder Springbrunnen und 1721 ein Schildkrötenteich. Julius III. suchte um 1637 in Nürnberg einen Gärtner auf, der in Stetteldorf arbeiten sollte. 1654 ließ er, nachdem auch noch die letzten Weingärten in die Anlage einbezogen worden waren, vier Rondelle errichten. 1679 kamen Kaiser Leopold I. und die Kaiserin, um den Garten zu bestaunen. Graf Georg Christoph von Proskau schrieb aus Brünn: „Es ist bei allen Cavaglieren sehr berühmt, dass Ew. Gnaden sich in dem

Über den Abhang des Wagram erstreckte sich einst die berühmte Gartenanlage von Schloß Stetteldorf.

In der Einfahrt des Schlosses Stetteldorf befindet sich eine doppelreihige Kastanienallee.

Garten wessen höchlich delectiren und benentlich zu Stetteldorf sowohl zu deroselben aigener als Verlassenden rhumblichen Gedächtnis Ein sonderlichen Lustbahren garten eingerichtet haben." 1680 erbat er den Gärtnergehilfen, den er wegen seiner Kenntnisse in welschen Bäumen im Vorjahr dem Grafen empfohlen hatte, zurück.

Unter Graf Franz de Paula wurde um 1798 der Garten dem Geschmack der Zeit entsprechend im landschaftlichen Stil umgestaltet. Der untere Garten erhielt ein Labyrinth mit Grotte, Taubenhaus, Schießstatt und allerlei Ruheplätzchen. Auf einem Wandgemälde aus dem großen Saal, ausgemalt vom Tullner Maler Josef Melchior Talman, sieht man, durch eine illusionistisch gemalte Säulenarchitektur unterteilt, die Herrschaften der Grafen von Hardegg-Stetteldorf gegen Ende des 18. Jahrhunderts und bei der Abbildung von Stetteldorf den Garten, wie er damals ausgesehen hat.

Der jetzige Eindruck rührt vom Zustand im 19. Jahrhundert her. Auf dem Franzisceischen Kataster ist eine vom Haupttor kommende Allee zu erkennen. Der Abhang des Wagram ist auf diesem Plan sehr schlicht dargestellt; offenbar war damals bereits in diesem Bereich des Gartens nicht mehr allzuviel zu finden. Die Juliusgrotte am Abhang des Wagram hat sich indes bis heute erhalten. In den Wiesen links und rechts von der Allee sind auf dem Kataster Staffagebauten zu sehen, wahrscheinlich hölzerne Gartenpavillons.

Mit sogenannten Klostergittern verdeckte Fenster.

Zierelement im Garten von Schloß Stetteldorf.

Die Kastanien der Allee sind heute leider durch die Miniermotte schwer in Mitleidenschaft gezogen; dafür wird man durch die Pracht der Platane auf der rechten Wiese der Allee in Richtung Rohrmühle entschädigt. In der Mitte der Allee findet sich ein Rondell aus Bäumen. Die Flurbezeichnung „Unterm Hofgarten" bezieht sich auf die verschwundene, intensiver gestaltete Partie des Gartens, ähnliche Namen finden sich häufig in der Nähe ehemaliger historischer Gartenanlagen (zum Beispiel in Mailberg). Auch wenn in der Ebene unterhalb des Wagram, dem ehemaligen Kernbereich der Gartenanlage beinahe alles im Laufe der Zeit verschwunden ist, weisen doch die Platanen noch auf die „landschaftliche Epoche" des Stetteldorfer Schlosses hin.

Schloß Stetteldorf

Anschrift: *3463 Stetteldorf am Wagram.*

Anfahrt: *A22 Donauuferautobahn, B4 Horner Straße, Abzweigung Hausleiten, weiter bis Stetteldorf.*

Öffnungszeiten: *Das Schloß befindet sich in Privatbesitz und ist nicht zu besichtigen.*

SCHLOSS WIEDENDORF

DAS MARIENSCHLÖSSL

An den Ausläufern des Manhartsberges, umgeben von lieblichen Weingärten, liegt mitten im kleinen Weinort Wiedendorf (zur Gemeinde Straß im Strassertal östlich von Krems gehörig) das Marienschlößl, ein romantischer, jahrhundertealter Bau. Wiedendorf, urkundlich im Jahre 1072 im Göttweiger Traditionsbuch als „Winidorf" erstmals erwähnt, wurde noch unter den Babenbergern Herrensitz und ist als Grundherrschaft älter als Grafenegg. Mit der Nennung des „Otto de Windorf" um 1240 erhalten wir die älteste Nachricht über jenes Adelsgeschlecht, welches sich Wiedendorf nannte. 1377 treten die „Strazzar von Winndorf" als Herrschaftsbesitzer auf. Von ihnen wurde der alte Herrensitz zu einer wehrhaften Anlage mit Wassergraben umgebaut. Einer von ihnen, „Janns der Strasser", stiftete gemeinsam mit seiner Frau 1361 das Benefizium „Unserer Lieben Frau zu Winndorf". Eine Urkunde berichtet, daß er vor seinem Haus, der „Veste Winndorf", eine Kapelle bauen ließ und diese der Gottesmutter und allen Heiligen widmete. Man kann annehmen, daß der Name „Marienschlößl", im Volksmund noch gebräuchlich, aus dieser Zeit stammt.

Spalierhölzer an den Mauern des Marienschlößls.

Der Kupferstich des Kartographen Georg Matthäus Vischer aus dem Jahr 1672 läßt den wehrhaften Charakter des Schlößls sowie die angebaute Kapelle an der Ostfassade erkennen. Er zeigt eine mehrgeschossige Anlage. In späteren Zeiten wurde das oberste Geschoß abgetragen, sei es weil es abbrannte, sei es weil das Schloß nach 1777 in bürgerliche Hände kam und, gemäß einer alten Bestimmung Häuser mit mehr als zwei Geschossen dem Adel vorbehalten blieben. Das Eigentum an Wiedendorf ist erst ab dem 16. Jahrhundert laufend nachweisbar. Dieses Jahrhundert brachte durch die Reformation auch in diesen Breiten große Unruhen. Die politische und wirtschaftliche Instabilität hatte in Wiedendorf oftmalige Besitzerwechsel zur Folge. Schließlich kam es 1590 in die Hand des Protestanten Hans Thurzo, wodurch es erstmals

Gegenüber: *Ein üppiges Blütenmeer bedeckt die Mauern des alten Marienschlößls Wiedendorf.*

Sitzbank im neu gestalteten Bereich des Gartens.

mit der Herrschaft von Grafenegg vereinigt wurde. Nachdem es später wieder veräußert worden war, kaufte 1864 August Ferdinand Graf Breunner-Enkevoirt, Herr auf Grafenegg, den Besitz zurück. Nach wiederholtem Besitzerwechsel erwarb Wilhelmine Baronin von Vogelsang 1932 das Schloß vom k.u.k. Brigadier Moritz Erwin Baron Lembruch. Die jetzige Besitzerin ist die Ururenkelin des berühmten österreichischen Sozialreformers Karl von Vogelsang.

Der Kern des Schlosses datiert aus der Mitte des 16. Jahrhunderts. Durch das große Rundbogentor mit einer Rahmung, innerhalb derer noch die Rollager der ehemaligen Zugbrücke zu sehen sind, gelangt man durch ein auffallendes Netzgrad-Tonnengewölbe in den Innenhof. Die Einrichtung stammt aus dem 19. Jahrhundert. Bemerkenswert ist die Ausstattung der Hauskapelle im Inneren des Hauptportals mit ihren durch die bekannte Künstlerin Wilhelmine von Vogelsang geschnitzten Holzvertäfelungen,

…opographie zeigt sich Schloß Wiedendorf noch mehrstöckig.

…nsäulen und dem Kirchenfenster, …ergottes mit Jesuskind, eine Traube …

…liche Erweiterung des Ortes und die …keit des Besitzerwechsels sind die Ländereien, die zum Schlößl gehörten, verkauft oder vergeben worden. Heute liegt der Herrensitz inmitten eines 2000 Quadratmeter großen Gartens, der sich harmonisch dem Gebäude anfügt. Der frühere Nutzgarten, bepflanzt mit Obstbäumen und Gemüsebeeten, präsentiert sich nun in traditioneller englisch-französischer Manier als Lustgarten, aufgeteilt in Gartenräume, die durch alte Steinmauern, Hainbuchenhecken, Rosenspaliere und Buchs voneinander getrennt sind.

Der Rundgang führt nach Westen zu einem formal angelegten Garten, der ganz unter dem Zeichen der Rose steht. In den umrandeten Buchsbeeten drängen sich die Rosenstöcke in zarten Pastellfarben und Rosatönen mit prall

„Gartenlust und Rosenzauber", das Motto von Schloß Wiedendorf.

gefüllten Blüten. Zwischen den historischen Rosen mit klingenden Namen wie „Chapeau de Napoléon", „Cuisse de Nymphe émue", „Comtesse du Murinais", tummeln sich eine Vielfalt an Stauden wie Glockenblume, Frauenmantel, Margerite, Rittersporn, Drachenkopf, Ballonblume, Storchenschnabel und viele andere mehr.

Vorbei an der erhöhten Schwimmbadanlage, von der man eine schöne Sicht auf den Rosengarten hat, führt der Weg zum weitläufigen Schattenbeet auf der linken Nordseite des Hauses. Gegenüber liegt an einer kleinen Steinmauer ein farbenprächtiger Bauerngarten. Die Ostseite des Gartens ist durch Hainbuchenhecken in mehrere Räume unterteilt, in denen die verschiedenen Gartenepochen auf sehr ansprechende Weise dargestellt sind. Der mittelalterliche Bereich mit Brunnen und Grasbank in einer Blumenwiese, umgeben von einer niedrigen Rosenhecke, Weinreben und alten Obstbaumsorten lädt zum Verweilen ein.

Einen reizvollen Kontrast zur Natürlichkeit des mittelalterlichen Gartens bietet der nun folgende Gartenraum, in dem das Ordnungsprinzip der Renaissance- und Barockgärten vorherrscht, unter anderem durch geschnittenen Buchsbaum, altes Obst auf Spalier, symmetrisch angeordnete Kübelpflanzen, eine rosenumrankte Pergola. Durch einen mit Glyzinien, Clematis, Kletter- und Schlingrosen opulent bepflanzten Laubengang schließt der Rundgang mit einem Besuch des Innenhofes ab. Ein hundert Jahre alter Efeu breitet sich auf der Südseite des Hofes aus und tönt tagein, tagaus von Spatzengeschwätz und Bienengesumm. Um die teils alten Arkaden schlingen sich Clematis sowie duftende Kletter- und Schlingrosen.

Elegante Buchskompartimente im Garten von Wiedendorf.

Der Wille, das Übernommene zu pflegen und die Geschichte lebendig zu halten, hat die jetzige Besitzerin dazu veranlaßt, ihr Haus und ihren Garten zu bestimmten Zeiten einem kleinen Kreis zu öffnen. Jedes Jahr während der Rosenblüte wird er lebendige Kulisse für Künstler, Handwerker und Gärtner, die diesen wunderbaren Ort aus seinem Dornröschenschlaf erwecken. Unter dem Motto „Gartenlust und Rosenzauber" werden englische und französische Rosen, alte, historische Rosen, Duftpelargonien und Clematis, seltene Stauden und alte Obstsorten angeboten. Romantik und Tradition, Anmut und Gemütlichkeit lassen das Marienschlößl als Ort der Begegnung zu einem unvergeßlichen Aufenthalt werden.

Marienschlößl Wiedendorf

Anschrift: *Marienschlößl Wiedendorf, 3491 Straß im Strassertal, Tel.: 02735/79 235.*

Anfahrt: *Donauuferautobahn, Ausfahrt Krems, B34 an Tulln vorbei, abbiegen Richtung Langenlois, B35 Richtung Straß, geradeaus durch Straß durch, in Elsarn kurz vor Ortsende rechts nach Wiedendorf.*

Öffnungszeiten: *Juni, Juli, August nach telephonischer Vereinbarung.*
Gartentage mit Verkaufsausstellung jedes Jahr Ende Mai/Anfang Juni über ein verlängertes Wochenende. Informationen bei Catherine Gräfin Matuschka, Tel.: 01/710 37 29,
Fax: 01/710 37 29, Mobil: 0676/628 67 07.
E-Mail: cath.mat@teleweb.at

Der Innenhof des Marienschlößls zeigt dicht umrankte offene Arkaden.

PARKS
&
GÄRTEN

Gegenüber: *Statue im Park des Redemptoristenklosters von Eggenburg.*

CARNUNTUM

EIN RÖMISCHER GARTEN IN NIEDERÖSTERREICH

Hart an der Donau und nicht weit entfernt von der slowakischen Grenze, zwischen Petronell und Bad Deutsch Altenburg, liegt Carnuntum, einst eine der bedeutendsten römischen Städte nördlich der Alpen. Ihre Wurzeln reichen bis in das keltische Königreich Noricum zurück; 6 n. Chr. wird sie als ein Ort jenes Königreichs erwähnt. Als um 40 n. Chr., nachdem Noricum eine römische Provinz geworden war, ein ständiges Militärlager entstand, entwickelte sich Carnuntum zu einer der bedeutendsten römischen Städte nördlich der Alpen. Das im Umfeld gelegene Militärlager diente als Ausgangsbasis für den Kampf gegen den König der Markomannen, Marbod. Auf der Höhe ihrer Geschichte, als Hauptstadt der Provinz „Pannonia Superior" (Oberpannonien), hatte die Stadt eine Ausdehnung von zehn Quadratkilometern und etwa 50 000 Einwohner. Mehrere römische Kaiser hielten sich in Carnuntum auf, unter ihnen auch der Philosoph auf dem Kaiserthron, Marc Aurel.

Detail aus einem römischen Grabmal in Carnuntum.

Heute wird dem Besucher neben dem Freilichtmuseum auf dem Ausgrabungsgelände ein „Hortus Herbarum", ein römischer Kräutergarten, präsentiert, der einen Eindruck antiker Gärten vermitteln soll. Insgesamt haben sich aus der Antike nur spärliche Reste einstiger Gartenkultur erhalten. Eine etwas detailliertere Beschreibung existiert vor allem von der Gartenanlage des Lucius Licinus Lucullus (117–56 v. Chr.), des berühmten römischen Feldherrn, der sich im Alter auf dem Pincio in Rom, auch Gartenhügel *(collis hortulorum)* genannt, eine Villa mit großzügigen, durch Terrassen und Treppen gegliederten Gartenanlagen erbauen ließ, die noch hundert Jahre später existierten. In Pompeji, der vom Vesuv im Jahre 79 n. Chr. verschütteten Stadt, findet sich ebenfalls ein Beispiel: die Villa des Loreius Tiburtinus weist neben einem großen Hof, dem sogenannten Peristyl, auch einen Garten auf. Das Peristyl war eine von einem überdachten Wandelgang umschlossene Fläche und übernahm in manchen Fällen die

Gegenüber: *In Carnuntum findet sich die Rekonstruktion eines römischen Kräutergartens.*

Schautafeln erklären den Besuchern die Pflanzen des „Hortus Herbarum".

Funktion eines Gartens, wo Kübelpflanzen standen und in manchen Fällen auch Beete und Hochbeete angelegt waren. Wenn das Peristyl großzügiger und weitläufiger ausgestattet war, mit Wasserspielen und Skulpturen, sprach man auch von einem Viridarium (Lustgarten). Ein Kanal, der zur Bewässerung diente, teilte im Fall der Villa des Loreius Tiburtinus das Areal in zwei Hälften. Links und rechts, von einer Pergola überdeckt, befanden sich Beete, Obst- und Olivenbäume. Zur Zeit des Plinius gab es bereits Kunstgärtner, als *topiaris* bezeichnet, die in der Planung und Gestaltung von Gärten sowie im Baumschnitt geübt waren. Pflanzen wurde als Verbindung zwischen Architektur und Natur angesehen und als Stilmittel genutzt. Auch im kommunalen Bereich waren Gärten im alten Rom nicht wegzudenken: Zu Zeiten von Cäsar und Augustus gab es in Rom zahlreiche Stadtgärten und Grünanlagen. Begünstigt durch das warme Klima gedieh eine große Vielfalt an Pflanzen, die es in unseren Breiten, also in Carnuntum, freilich nicht gab.

Der „Hortus Herbarum" in Carnuntum wird von hölzernen Pfählen eingefaßt und von Birken beschattet. Ein

Zugang zum „Hortus Herbarum“ mit seiner Vielzahl an Heil- und Gewürzkräutern.

Weg führt durch die kleine, rechteckige Anlage. Links und rechts davon, hinter einer auf beiden Seiten verlaufenden niedrigen Buchsbaumhecke, finden sich zahlreiche Kräuter, die bis heute aufgrund ihrer Eignung als Gewürz und vor allem als Heilpflanzen bedeutsam sind.

Das Bergbohnenkraut oder die Bergminze wurde sowohl als Gewürz als auch als Verdauungs- wie Appetitanreger verwendet. Rosmarin, ein auch bei uns gerne gebrauchtes Gewürz, läßt sich anwenden bei Störungen des Magen- und Darmtrakts. Die Weinraute ist ebenfalls ein Verdauungs- und Appetitanreger. Als Gewürz wird sie aufgrund ihres bitteren Geschmacks in Kombination mit der Minze verwendet. Die Römische Kamille wirkt als entzündungshemmendes, krampflösendes und blähungstreibendes Mittel sowie als Arznei bei Magenbeschwerden. Der Lavendel, heutzutage vor allem wegen seines angenehmen Geruchs geschätzt, ist auch als Beruhigungsmittel bei nervöser Unruhe und bei Erschöpfungszuständen hilfreich. Ebenfalls für nervöse Unruhezustände, für Schlafstörungen und Schmerzen im Magen-Darm-Trakt ist Baldrian oder

Der römische Kräutergarten ist nur eine der vielen Attraktionen auf dem Ausgrabungsgelände von Carnuntum.

Katzenkraut das Richtige. (Der Name Katzenkraut bezieht sich darauf, daß Katzen sich vom Baldrian anlocken lassen.) Oft verwendet wurden schon in der Antike Liebstöckel und Estragon. Liebstöckel ist auch als Magenmittel sowie bei Katarrhen des Rachens hilfreich, Estragon wirkt verdauungsfördernd, Wermut appetitanregend. Wermutschnaps wird heute gern als Aperitif gereicht; früher wurde aus der Pflanze Absinth hergestellt. Die Zitronenmelisse hatte bereits in der Antike als Nervenmittel Bedeutung, heute hilft sie bei psychovegetativen Herzbeschwerden und Migräne. Petersilie wurde im Gegensatz zu heute kaum als Gewürz verwendet, sondern als harntreibendes, krampflösendes Mittel. Schließlich sieht man noch den Echten Salbei, der auch aufgrund seiner medizinischen Wirkungen gepflanzt und genutzt wurde. Vor allem bei Entzündungen der Mundschleimhaut und bei Erkältungskrankheiten wurde und wird er verwendet. Der römische Kräutergarten von Carnuntum ist ein lebendiges Beispiel dafür, daß die Verwendung und Auswahl von Kräutern seit der Antike weitgehend die gleiche geblieben ist.

Carnuntum

Anschrift: *2404 Petronell-Carnuntum.*
Tel.: 02163/3377-0, Fax: 02163/3377-5.
E-Mail: info@carnuntum.co.at
Internet: http://www.carnuntum.co.at

Anfahrt: *A4 Ostautobahn, E58 bis Petronell-Carnuntum.*

Öffnungszeiten: *31. März bis 10. Oktober 9–17 Uhr.*

EGGENBURG

DAS KLEINOD AN DER STADTMAUER

Eggenburg, die prachtvolle Stadt am Beginn des Waldviertels, besitzt neben historisch bedeutsamen Gebäuden und der mittelalterlichen Stadtbefestigung auch wunderschöne, verträumte Gartenlandschaften direkt an der Stadtmauer. Die Grenzstadt wurde erstmals im 12. Jahrhundert als „Eginpurch" urkundlich erwähnt, 1160/70 hatte der Ort bereits das Marktrecht. In der Auseinandersetzung zwischen Ottokar II. von Böhmen und Rudolf von Habsburg ergriff Eggenburg Partei für den siegreichen Rudolf, weshalb am 13. August 1277 das Stadtrecht, das schon Jahrzehnte vorher bestanden hatte, erneuert wurde.

Sonnenblume im Garten des Redemptoristenklosters.

Rund um die historischen Stadtmauern und das Glacis führt ein Rundweg, der die direkt an der Mauer angelegten Gärten erschließt. Ruhebänke laden den Spaziergänger zum beschaulichen Rasten ein. Ein Obelisk erinnert an den Begründer dieser romantischen Örtlichkeit, den Syndikus (Stadtschreiber) Iglauer. Das Denkmal trägt die Aufschrift: „Die Kunst gesellte Nutzen zur Anmut der Natur" – ein treffender Satz zur Beschreibung dieses herrlichen Glacisgartens. Durchblicke durch die Sträucher eröffnen den Blick auf die neuen Teile der Stadt und auf den Stadtteich. Hohe Zypressen markieren den Friedhof.

Eine weitere, etwas versteckt liegende Sehenswürdigkeit ist der Garten des Redemptoristenklosters, das auf Betreiben des heiligen Johannes von Capistran im Jahre 1466, damals als Franziskanerkloster, errichtet wurde. Im Zuge der Säkularisation unter Kaiser Josef II. wurde das Kloster 1786 aufgelöst und in eine Kattunfabrik umgewandelt. Beim großen Stadtbrand von Eggenburg am 11. Juli 1808 wurde es neben 203 anderen Gebäuden gänzlich vernichtet, 36 Jahre später von den Redemptoristen wiedererrichtet. Im Hof des Klosters, direkt an der historischen Stadtmauer, die auch mittels einer kleinen Treppe erklommen werden kann, befindet sich ein lieblicher, verwunschen wirkender Garten, etwa einen halben Hektar groß und durch Buchshecken gegliedert.

Gegenüber: *Laubengang im Garten des Redemptoristenklosters von Eggenburg.*

Heiligenfigur hinter einer Buchspflanzung im Garten des Redemptoristenklosters.

Neben den Gärten in der Stadt gibt es zum Thema Natur allgemein noch andere interessante, für den Besucher Eggenburgs aufbereitete Sehenswürdigkeiten. Vielleicht liegt das daran, daß die Stadt das von Johann Krahuletz (1848–1928), gelernter Büchsenmacher und Professor für Geologie, begründete gleichnamige Museum beherbergt, das neben der Volkskunde vor allem der Geologie, Paläontologie und Urgeschichte gewidmet ist.

Das Thema Natur spiegelt sich auch im Führer „Baumreisen und Zeitreisen" wieder. Anhand von lebenden Beispielen und verwandten Arten der damaligen Pflanzen kann man innerhalb des Stadtgebietes eine gelungene

Farbenfrohe Dahlien im Klostergarten.

Kombination aus Kultur- und Naturwanderung von den Steinkohlewäldern des Karbon bis zur heutigen Vegetation unternehmen. Beim Stadtteich finden sich in einer kleinen baumkundlichen Sammlung, einem Arboretum, ein Urweltmammutbaum, eine Parrotie, ein Gingko, eine Flügelnuß, eine Sumpfzypresse, eine Wasserulme und ein

Der Klostergarten ist eine schöne Mischung aus bäuerlicher und klösterlicher Kultur.

Bänke an der malerischen alten Stadtmauer von Eggenburg laden zu beschaulicher Rast ein.

Gagelstrauch. Weitere botanische Besonderheiten sind neben Allerweltsarten (Ahorn, Linden, Ulmen, Erlen etc.) der weiße Maulbeerbaum am Kapistranring und ein Tulpenbaum Der Maulbeerbaum ist für die Zucht von Seidenraupen besonders geeignet und wurde daher auch in Eggenburg dazu benutzt. So wurde der Kapistranring zur Zeit von Kaiserin Maria Theresia auch Maulbeerstätte genannt.

Der Garten des Redemptoristenklosters von Eggenburg soll revitalisiert und Besuchern zugänglich gemacht werden. Der Promenadenweg, welcher die Stadtmauern entlangführt, wird weiterentwickelt. Die Stadt denkt an neue Möglichkeiten der Nutzung für die „Landschaften" in Eggenburg.

Eggenburg

Anschrift: *Tourismus-Information Eggenburg, Krahuletzplatz 1, 3730 Eggenburg.*
Tel.: +43-(0)2984/3400,
Fax: +43-(0)2984/3400-5.
E-Mail: tourismus@info.eggenburg.com
Internet: www.tiscover.com/eggenburg/

Anfahrt: *A22 Donauuferautobahn bis Stockerau, B4 (Horner Straße) bis Maissau, Abzweigung nach Eggenburg.*

Öffnungszeiten: *Gärten an der Stadtmauer ganzjährig zu besichtigen, Garten des Redemptoristenklosters auf Anfrage (Tel.: 02984/2626-0).*
E-Mail: info.eggenburg@wvnet.at

MUSEUMSDORF NIEDERSULZ

NATUR IM DÖRFLICHEN UMFELD

Im Ort Niedersulz im östlichen Weinviertel, nordwestlich der Gemeinde Gaweinstal, befindet sich das Weinviertler Museumsdorf, das größte Freilichtmuseum des Bundeslandes Niederösterreich, in dem das Leben in einem Weinviertler Dorf in der vorindustriellen Zeit dem Besucher lebensecht präsentiert wird. Dort wird auch den Gärten der Bauern und der Natur im dörflichen Umfeld, lebensnotwendiger Bestandteil bäuerlichen Lebens einst und jetzt, breiter Raum gewidmet. Das Museumsdorf entstand ursprünglich durch die Initiative eines einzigen Mannes, Josef Geissler, der vom Verfall bedrohte Anlagen wie bäuerliche Wohnhäuser und die dazugehörigen Wirtschaftsgebäude (Schuppen, Stadel, Taubenkobel, Mühle und die für das Weinviertel typischen Preßhäuser, Kapelle und Pfarrhof) an ihrem ursprünglichen Standort abtragen und in Niedersulz wiedererrichten ließ. Inzwischen ist das Museumsdorf auf mehr als 50 Objekte angewachsen und zeigt ein idyllisches dorfartiges Ensemble. Auch ein „aktiver" Bauernhof ergänzt die bemerkenswerte Anlage.

Neben den bereits bestehenden Schaugärten sollen noch weitere Gärten, welche dem Thema „Natur im Dorf – Natur ums Dorf" verpflichtet sind, angelegt werden. Man will ein lebendes Museum, eben ein Museumsdorf sein, nicht nur Dorfmuseum. Typisch für das Weinviertel sind die Vorgärten, zumeist den Blumen vorbehalten; sie bilden quasi das Entree der Bauernhäuser. Der Garten vor dem Kleinhäuslerhaus ist voller Blütendüfte: Hier wächst eine typische Bauerngartenrose, die *Rosa centifolia*, eine Züchtung aus dem 17. Jahrhundert. Diese zu den „Alten Rosen" gehörende Art zeichnet sich durch besonderen Duft aus. Neben der Rose findet man den Phlox, ebenfalls eine oft gesehene Pflanze dieser bäuerlichen Vorgärten. Vor dem Streckhof wurde ein Korbblütlergarten mit Zierpflanzen wie Sonnenhut, Alant, Sonnenbraut, Astern, Dahlien, Sonnenblumen, Zinnien, Ringelblumen und Schmuckkörbchen in allen Schattierungen

Weinviertler Bauernhof im Museumsdorf von Niedersulz.

Gegenüber: *Auch eine kleine Kirche wurde ins Museumsdorf Niedersulz übertragen.*

von gelb und orange bis glutrot angelegt. Demnächst werden auch in den neu entstehenden Vorgärten typische Bauernstauden gepflanzt werden.

Ein weiterer interessanter Schaugarten ist dem Thema der Bibel gewidmet. Die Gestaltung entspricht einem traditionellen Klostergarten; dabei wird dem Besucher präsentiert, wie sehr das „Buch der Bücher" in unserem Alltag verwurzelt ist. Zwiebel, Knoblauch, Erbse und Bohne bereichern seit jeher unseren Speisezettel, die Trauben stehen für den aus ihnen gewonnenen Wein, der untrennbar mit unserer Kultur und unserem gesellschaftlichen Leben verbunden ist. Diverse Wild- und Nutzpflanzen sind ein wesentlicher Bestandteil der biblischen Geschichten, Lieder und Gleichnisse. Die ausgestellten Pflanzen wurden

Oben und unten: *Mit großer Liebe und Sorgfalt werden die alten Bauerngärten wieder zum Leben erweckt.*

jeweils, soweit möglich, mit einem Vermerk auf die jeweilige Bibelstelle versehen, eine Laube lädt dazu ein, ein wenig zu rasten und biblische Texte zu studieren.

Da das Museumsdorf immer weiter wächst, entstehen auch immer neue Gärten, wie zum Beispiel ein bäuerlicher Gemüsegarten. Traditionell lagen die Gemüsegärten auf rechteckigem Grundriß hinter dem Haus; dort wuchsen neben verschiedenen Arten von Gemüsen auch Kräuter und Gewürze. Den Rahmen bildeten wie in den Vorgärten Blumen. Die zukünftigen Schaugärten werden folgende Stationen umfassen: Eine Hecke, die als Grundstücksgrenze fungiert, wird als „Nasch- und Erlebnishecke" die verschiedenen Pflanzen präsentieren, aus denen Produkte wie beispielsweise Marmelade und Schnaps hergestellt werden. Ein Getreideschaugarten und ein Weingarten sollen den Besucher über althergebrachte Arten der Bearbeitung informieren. Auch der Bauernapotheke wird Rechnung getragen werden, ist die Volksheilkunde doch bis heute Teil unseres Lebens geblieben.

Zum Thema Bauerngärten im Weinviertel wird im ausgebauten Dachboden des Wultendorfer Hofes, welcher gerade nach Niedersulz übertragen wird, eine Dauerausstellung zum Thema „Natur im Dorf – Natur ums Dorf" eingerichtet werden, in der auch das Thema „Bauerngärten im Weinviertel" vermittelt werden soll. Im Rahmen der Niedersulzer Dorfakademie werden dem interessierten Publikum Gartenthemen nahegebracht, beispielsweise Schneckenbekämpfung ohne Gift oder standortgerechte Pflanzung.

Weinviertler Gartenkultur wird im Museumsdorf sinnlich erlebbar.

Eine botanische Besonderheit, im Weinviertler Museumsdorf seit dem Frühjahr 2000 zu besichtigen, ist die Wilde Weinrebe *(Vitis vinifera subsp. sylvestris)*, eine Urform der heutigen Kulturform. Die Pflanze, im Volksmund auch „Schwarze Wid'n" genannt, wächst wild im Gebiet des Nationalparks Donauauen; die Trauben dieser Wildform wurden bereits in der Jungsteinzeit und bei den Kelten genutzt, die süßen Kulturformen kamen mit den Römern nach Niederösterreich.

An den Wochenenden und an Feiertagen werden im Museumsdorf naturnahe Produkte wie selbstgebackenes Brot, Fruchtsäfte, Honig, Marmelade und eingelegtes Obst verkauft. Über Themen wie Vögel, Insekten, Bienen und naturnaher Obstbau wird der Besucher mittels kleiner Tafeln und Ausstellungen informiert. So erfährt man im Museumsdorf Niedersulz anschaulich, wie wesentlich das Thema Garten in den vergangenen Epochen bäuerlichen Lebens war.

Museumsdorf Niedersulz

Anschrift: *2224 Niedersulz.*
Tel.: 02534/333, Fax: 02534/330-20.
E-Mail: museumsdorf@xpoint.at
Internet: http://www.museumsdorf.at

Anfahrt: *B7 Brünner Bundesstraße, von Schrick 7 Kilometer bis Niedersulz.*

Öffnungszeiten: *erster Sonntag im April bis Allerheiligen Montag bis Freitag 10 bis 16 Uhr. Samstag, Sonntag und Feiertag 10 bis 18 Uhr.*

Auch ein kleiner (noch leerer) Friedhof findet sich im Museumsdorf Niedersulz.

NACHWORT

Niederösterreichs historische Garten- und Parkanlagen sind ein unverzichtbarer Bestandteil der gewachsenen Kulturlandschaft unseres Landes. Mehrere hundert von ihnen sind dokumentiert, sie blühen und gedeihen, und jede von ihnen vollzieht ihre eigene, ganz spezielle Entwicklung. Großartig ist ihre Vielfalt, von den klösterlichen Gartenanlagen wie jenen von Seitenstetten oder Göttweig über die herrlichen Barockanlagen von Obersiebenbrunn oder Greillenstein bis zu den ausgedehnten Landschaftsverschönerungen wie in Ernstbrunn und Mühlbach am Manhartsberg.

Die Gartenkultur Niederösterreichs fand ihren Ausdruck in prachtvollen Anlagen, die durch ihre Großzügigkeit und Eleganz bestechen. Durch die historische Entwicklung jedoch verfielen viele dieser kulturell und ökologisch so bedeutenden Bestandteile der Landeskultur Niederösterreichs in einen Dornröschenschlaf.

Nun ist der Zeitpunkt gekommen, zu dem Gartenkunstwerke als Thema wiederentdeckt werden, und an das Ende der Ruhepause tritt eine völlig neue Entwicklung. Bei dieser Wiedererweckung ist zu beachten, daß das Einhalten ökologischer Grundsätze ein wesentlicher Bestandteil sein muß. Partner für diese Entwicklung kann die Aktion „Natur im Garten" sein, die bereits in den Privatgärten versucht, den Verzicht auf mineralische Dünger, Pestizide und torffreie Erde zu fördern.

Das vorliegende Buch, das die historischen Garten- und Parkanlagen Niederösterreichs beschreibt, erscheint zu einem Zeitpunkt, da wir die Erfolge dieser Aktion bereits erleben können. Dieser Bildband soll dazu beitragen, in Niederösterreich ein buntes Netz von Schaugärten unterschiedlicher Typen zu installieren. Historische Garten- und Parkanlagen sollen hier ebenso ihren Platz haben wie neugeschaffene Anlagen mit musealem Charakter, Gärten zu speziellen Themen (Kräuter-, Therapiegarten und andere) sowie moderne Gestaltungskonzepte mit künstlerischem Ansatz.

Die großen Garten- und Parkanlagen dieses Buches stellen nicht nur Kunstwerke dar, sondern führen uns auch eine historische Sichtweise der Natur vor Augen. Durch die Integration dieser Objekte in die Aktion „Natur im Garten" können deren Ziele einem breiten Publikum präsentiert werden. Besonders anschaulich ist dies in den großen Landschaftsparks, in welchen durch die teilweise Vernachlässigung in den letzten Jahrzehnten naturnahe Bereiche entstanden sind.

Schaugartennetzwerk bedeutet aber auch einen Brückenschlag zu Kultur und Tourismus, die mit dem Erstarken der Gartenkultur in Niederösterreich untrennbar verbunden sind. In den historischen Gärten erfährt der Besucher vieles über die unterschiedlichen Funktionen und geistig kulturellen Hintergründe, welche diese Anlagen zu erfüllen hatten.

Die Nutzung als Schaugärten kann dem Besucher diese Aspekte näherbringen, fördert durch die Vermarktung der Anlagen touristische Aspekte und erleichtert in weiterer Folge die Erhaltung historischer Substanz in Niederösterreich. Begleitende Maßnahmen dazu sind Beratung, die Herausgabe von diversem Informationsmaterial und die Aufklärung und Information über die historischen Gärten als lebendes Anschauungsmaterial und Vermittler zwischen Kultur und Natur in Niederösterreich.

Das vorliegende Buch führt die Vielfalt und Schönheit der historisch gewachsenen Gartenkultur Niederösterreichs vor Augen. Es möge einen Beitrag zum besseren Verständnis von historischen Garten- und Parkanlagen als wesentlicher Bestandteil der niederösterreichischen Kultur und Naturlandschaft leisten!

Landesrat Mag. Wolfgang Sobotka

QUELLEN UND LITERATUR

• Archiv Ludwigstorff, Wien.

• Hans Aurenhammer: Ikonographie und Ikonologie des Wiener Belvederegartens.
Hg. vom Institut für österreichische Kunstforschung des Bundesdenkmalamtes, Band 17,
Verlag Anton Schroll, Wien – München 1956.

• Barbara Bacher: Gartendenkmalpflegerisch orientiertes Entwicklungskonzept, im Auftrag des Bundesdenkmalamtes.
Referat für historische Gartenanlagen und des Vereins „Schönes Pottenbrunn", Wien 1998.

• Barockgärten – Wunderbare Pflanzenwelt.
Parkland Verlag, Stuttgart 1995.

• Beiträge zur Landschaftsgestaltung in Österreich.
Festschrift für Univ. Prof. Dr. Friedrich Woess zur Vollendung seines 70.Lebensjahres.
Institut für Landschaftsgestaltung und Gartenbau, Universität für Bodenkultur, Wien 1985.

• Franz Bodi/Edith Bodi: Garten und Pavillon des Benediktinerklosters Melk. Geschichte, Restaurierung, Erweiterung. Ein Wegweiser für die Besichtigung.

• Max Braubach: Prinz Eugen von Savoyen. Eine Biographie in 5 Bänden. Band 5: Mensch und Schicksal.
Verlag für Geschichte und Politik, Wien 1963–1965.

• Walter Brauneis: Die Schlösser im Marchfeld.
Verlag Niederösterreichisches Pressehaus,
St. Pölten – Wien 1981.

• Rudolf Büttner/Renate Madritsch: Burgen und Schlösser in Niederösterreich. Vom Bisamberg bis Laa an der Thaya, Birken Verlag, Wien 1987.

• Das Gartenteam (Gstettenhofer, Haller, Zbiral):
Stift Seitenstetten – Historischer Hofgarten.
Stift Seitenstetten, April 1996.

• Dieter Hennebo/Alfred Hoffmann: Geschichte der deutschen Gartenkunst. Broschek Verlag, Hamburg 1965.

• Historische Gärten – vergessene Gesamtkunstwerke.
Hg. von der Österreichischen Gesellschaft für historische Gärten, Böhlau Verlag, Wien – Köln – Weimar 1993.

• G. A. Jellicoe: Studies in Landscape Design.
Oxford University Press, London–New York–Toronto 1960.

• I. Keiblinger: Geschichte des Benedictiner-Stiftes Melk in Niederösterreich. Band 1, 1851.

• Ehrenfried Kluckert: Gartenkunst in Europa.
Könemann Verlag, Köln 2000.

• Ulrike Knall-Brskovsky: Gartenpavillon.
In: Ausstellungskatalog 900 Jahre Benediktiner in Melk, 1989.

• Peter König: Das Restaurierungsbeispiel, Der Gartenpavillon des Stiftes Melk.
In: Denkmalpflege in Niederöstereich, Bd. 23.

• Ingo Kowarik/Erika Schmidt/Brigitte Sigel: Naturschutz und Denkmalpflege – Wege zu einem Dialog im Garten.
Hochschul-Verlag an der ETH Zürich, Zürich 1998.

• Dipl. Ing. Malik: Parkpflegewerk Schloßpark Grafenegg.
Erstellt im Auftrag der Abteilung für Gartenarchitektur des Bundesdenkmalamtes, 1999.

• Obersiebenbrunn: 850 Jahre. Festschrift anläßlich der Markterhebung 1958.
Hg. im Selbstverlag der Marktgemeinde Obersiebenbrunn in Niederösterreich, 1958.

• Helmut-Eberhard Paulus: Die Schönbornschlösser in Göllersdorf und Werneck.
Verlag Hans Carl, Nürnberg 1982.

• Wilhelm Georg Rizzi: Johann Lucas von Hildebrandt – Ergänzende Forschungen zu seinem Werk.
Dissertation, Technische Hochschule Wien 1975.

• Barbara Strobl: Der Klostergarten der Benediktinerabtei Altenburg.
Diplomarbeit am Institut für Obst- und Gartenbau, Universität für Bodenkultur, Wien 2000.

BILDNACHWEIS

Austrian Archives/Erich Lessing: 16, 18; Austrian Archives: 21; Christian Brandstätter Verlagsarchiv: 37, 57, 65 oben, 95 unten, 181; Bundeseich- und Vermessungsamt, Wien: Vorsatz, Nachsatz, 32, 43, 49, 68, 74, 87, 101, 107, 115, 138, 143, 150, 166/167; Kunsthistorisches Museum, Wien: 21; Privatarchiv Ludwigstorff: 42, 106, 109; Niederösterreichisches Landesmuseum St. Pölten: 22, 25; Gerhard Trumler, Wien: Umschlagvorderseite, Umschlagrückseite, 2, 4, 6/7, 8/9, 10/11, 12/13, 14, 15, 26, 28, 29, 30, 31, 33, 34/35, 36, 38, 39 oben und unten, 40, 41, 44, 45, 46, 47 oben und unten, 48, 50/51, 52, 53, 54, 55, 56, 58/59, 60, 62, 63, 64, 65 unten, 66, 67, 69, 70, 71, 72, 73, 75 oben und unten, 76/77, 78, 79, 80 links und rechts, 81, 82/83, 84, 85, 86, 88/89, 90, 91, 92, 93, 94, 95 oben, 96/97, 98, 99, 100 links und rechts, 102, 103, 104, 105, 108 oben und unten, 110, 111, 112, 113 oben und unten, 114, 116/117, 118, 119, 120/121, 122, 123, 124, 125 links und rechts, 126, 127, 128, 129, 130 oben und unten, 131, 132, 133, 134, 135, 136, 137, 139, 140, 141, 142 oben und unten, 144, 145, 146/147, 148, 149, 151, 152, 153, 154/155, 156, 157, 158, 159, 160/161, 162, 163, 164, 165, 168, 169, 170, 171, 172, 173, 174/175, 176, 177 links und rechts, 178, 179, 180, 182, 183, 184/185, 186, 188, 189, 190 links und rechts, 191, 192/193, 194, 195, 196, 197 links und rechts, 198/199, 200, 201, 202 oben und unten, 203, 204/205

IMPRESSUM

Die Deutsche Bibliothek – CIP-Einheitsaufnahme
Ein Titelsatz für diese Publikation ist bei Der Deutschen Bibliothek erhältlich.

1. Auflage 2001
Graphische Gestaltung: Christoph Kaiser, C21 new media design, Wien; Technische Betreuung: Josef Embacher
Gesamtherstellung: Druckerei Berger, Horn

Abb. S. 2: Schloß Greillenstein, Abb. Schutzumschlag vorne: Schloß Grafenegg, Abb. Schutzumschlag hinten: Skulptur im Garten von Schloß Ernstbrunn.

ISBN 3-85498 092-2
Christian Brandstätter Verlagsgesellschaft m.b.H., A-1015 Wien, Schwarzenbergstraße 5, Telephon (+43-1) 512 15 43-0, Telefax (+43-1) 512 15 43-231, E-Mail: cbv@oebv.co.at, www.brandstaetter-verlag.at

Gedruckt mit Unterstützung der Niederösterreichischen Landesregierung im Rahmen der Aktion „NATUR IM GARTEN".

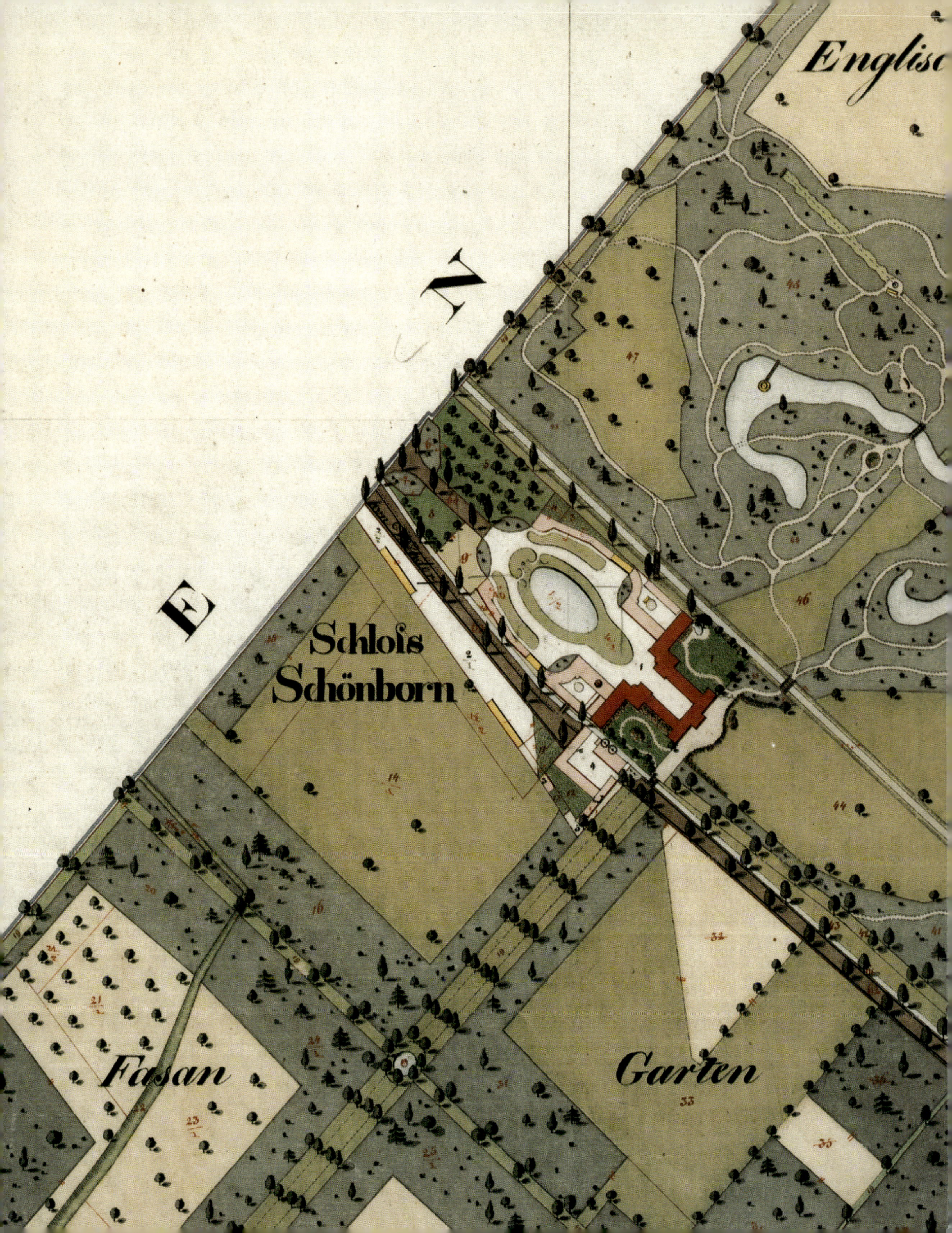
Englisc
N
E
Schloſs
Schönborn
Fasan
Garten